［過去問］

2024
東京女学館小学校
入試問題集

JN084603

Shinga-kai

東京女学館小学校

過去10年間の入試問題分析
出題傾向とその対策

2023年傾向

昨年同様、一般入試ではペーパーテスト、集団テスト、個別テスト、運動テスト、ＡＯ型入試では個別テスト、集団テスト、運動テストを行い、面接は一般・ＡＯ型入試ともに保護者面接となりました。考査内容に大きな変更はありませんでしたが、今年度は運動時に裸足になり、床に描いてある四角の中に脱いだ靴と靴下を指示通りに置く課題がありました。

傾　向

考査はＡＯ型入試と一般入試があり、それぞれ毎年11月の初めに行われています。ＡＯ型入試は、保護者、紹介者から各１通ずつの推薦書計２通を提出します。なお、紹介者の推薦は、親族からは不可となっています。保護者面接は子どもの考査日前の指定日時に実施され、推薦内容についてじっくりと質問されます。ＡＯ型入試では、この面接での両親の様子や質問の回答内容の比重が高いようです。いかに東京女学館の教育方針を熟知し賛同しているかを問うのに15分間以上を使い、深い理解と熱意のあるご家庭を選別しているようです。一般入試と違い、子どもの考査にペーパーテストはなく、面接形式の個別テスト、巧緻性や行動観察、集団ゲームなどを行う集団テスト、運動テストが行われ、その日のうちに合格発表があります。所要時間は約１時間30分です。一方、一般入試は出願順に２日間のうち１日を指定され、例年は10〜20人単位でペーパーテスト、集団テスト、個別テスト、運動テストを行い、所要時間は約２時間30分です。一般入試も考査日前の指定日時に保護者面接があり、ＡＯ型と面接が同日になることもありますが、一般入試では質問数も時間も少なく、ご家庭の雰囲気と学校を理解して志望しているかを問う基本的な内容で10〜15分間ほどです。一般入試でのペーパーテストは多岐にわたり、話の理解、数量、観察力、常識、推理・思考、模写などの課題がバランスよく出されています。集団テストでは例年絵画が出題され、自分が魚だったとして海の中で遊んでいる様子を描いたり、見たこともない鳥をマスキングテープで貼り絵したりする想像画、かいてある形に絵を描き足す創造画などが課題となっています。その際、絵を描いている最中に何を描いているかなど、個別にテスターから質問されることもあります。

また、ごっこ遊びも比較的よく出されています。そして、親子課題が行われるのも特徴です。内容も親子共同のクイズやゲーム、身体表現など多岐にわたります。特に近年は表現の課題が多く、テスターに教えられたダンスを子どもが親に説明して一緒に踊ったり、子どもたちと親たちで出題と回答に分かれるジェスチャーゲームをしたりする課題が行われています。運動テストは、基本的な身体能力を見るほかに、指示をきちんと聞く力や挑戦意欲、持久力を見るような課題が多くあり、アザラシ歩きやクマ歩き、鉄棒での懸垂、ボール投げなどの課題が行われています。

対　策

ＡＯ型入試では、保護者面接が重要です。願書や推薦書から多岐にわたる質問があり、保護者の学校に対する理解と熱意が見られます。教育方針や校風などを理解し、言葉で簡潔に表現できるようにしましょう。本人に対しては、ゲームなどを通して指示の理解と機敏性、協調性、社会性が見られています。あいさつや返事、約束を守る、危険なことをしないなど、集団での行動がきちんとできるかがポイントです。一般入試のペーパーテストでは、色や形をしっかり見て指示されたものを数える数量と、判断力や生活など常識の要素を含む話の理解が特徴的です。話の理解ではテスターがペープサートを示すこともありますが、落ち着いて内容の是非が判断できるよう、集中して話を聞く姿勢を養いましょう。推理・思考では、対称図形、左右弁別、ルーレットなど幅広い領域から出題がありますので、これらの基本についてしっかり押さえておきましょう。同時に、細かいところを注意深く見ていく観察力も求められます。集団テストの絵画については、絵日記や絵本の読み聞かせ、お話の続きを描くことなどもイメージを広げるのに効果的です。会話をしながら発想を広げるヒントを与え、楽しく描かせることを心掛けましょう。親子課題に対しては、まず過干渉、過保護な親にならず、依存心の強い子ども、従順さや敬意を持たない子どもにしないことが重要です。日ごろから家庭の中で子どもに役割を与え、親子で一緒に手仕事をする時間を大切にしながら、本人の自主性を認め自立心のある子どもに育てるよう努めましょう。また、歌やダンス、劇などでも恥ずかしがらずにのびのびと発表できるよう、親子で楽しく歌ったり体を動かして遊んだりする機会をたくさん作ってください。ペーパーテストだけでなく、個別テストや集団テストで出題されている巧緻性の課題対策として、なぞる、塗るといった運筆力や丁寧にかくという姿勢も見直しておきましょう。ほかに個別テストでは、サイコロ状のブロックや絵カードなど具体物を扱う指示の理解や、プレートやブロックでの構成が行われています。スムーズに作業できるよう、一度できちんと指示を聞きとることと机上整理を心掛けましょう。運動テストでは、鉄棒の懸垂の出題が特徴的です。またボール投げもほぼ毎年出されていますので、公園などでボール運動に取り組んでおきましょう。保護者面接では子育てに関する質問が目立ちますが、学校への理解があるご家庭かどうかが見られますので、志望理由や公開行事に参加したときの感想などをまとめておくとよいでしょう。

年度別入試問題分析表（一般入試）

【東京女学館小学校】

	2023	2022	2021	2020	2019	2018	2017	2016	2015	2014
ペーパーテスト										
話	○		○	○	○	○	○	○	○	○
数量	○	○	○	○	○	○	○	○	○	○
観察力		○	○	○	○	○	○	○		
言語				○						
推理・思考		○			○	○		○		○
構成力		○								
記憶						○				
常識	○				○	○	○	○	○	○
位置・置換										
模写									○	○
巧緻性	○								○	
絵画・表現										
系列完成						○				
個別テスト										
話										
数量		○							○	
観察力				○						
言語	○	○		○	○	○	○	○	○	○
推理・思考										
構成力	○					○	○		○	○
記憶					○					○
常識								○		○
位置・置換		○					○	○		
巧緻性					○	○	○	○		
絵画・表現										
系列完成										
制作										
行動観察					○	○	○	○	○	○
生活習慣					○					
集団テスト										
話										
観察力										
言語										
常識										
巧緻性			○					○		
絵画・表現	○	○	○	○	○	○	○	○	○	○
制作										
行動観察	○	○	○	○	○	○	○	○	○	○
課題・自由遊び								○		
運動・ゲーム	○			○				○		
生活習慣	○		○			○	○	○	○	○
運動テスト										
基礎運動	○		○	○		○	○	○	○	○
指示行動										
模倣体操				○		○	○	○	○	○
リズム運動								○		
ボール運動	○	○	○	○	○	○	○	○	○	○
跳躍運動		○								
バランス運動			○		○					○
連続運動		○								
面接										
親子面接										
保護者(両親)面接	○	○	○	○	○	○	○	○	○	○
本人面接										

※伸芽会教育研究所調査データ

小学校受験Check Sheet

　お子さんの受験を控えて、何かと不安を抱える保護者も多いかと思います。受験対策はしっかりやっていても、すべてをクリアしているとは思えないのが実状ではないでしょうか。そこで、このチェックシートをご用意しました。1つずつチェックをしながら、受験に向かっていってください。

✷ ペーパーテスト編

①お子さんは長い時間座っていることができますか。

②お子さんは長い話を根気よく聞くことができますか。

③お子さんはスムーズにプリントをめくったり、印をつけたりできますか。

④お子さんは机の上を散らかさずに作業ができますか。

✷ 個別テスト編

①お子さんは長時間立っていることができますか。

②お子さんはハキハキと大きい声で話せますか。

③お子さんは初対面の大人と話せますか。

④お子さんは自信を持ってテキパキと作業ができますか。

✷ 絵画、制作編

①お子さんは絵を描くのが好きですか。

②お家にお子さんの絵を飾っていますか。

③お子さんははさみやセロハンテープなどを使いこなせますか。

④お子さんはお家で空き箱や牛乳パックなどで制作をしたことがありますか。

✷ 行動観察編

①お子さんは初めて会ったお友達と話せますか。

②お子さんは集団の中でほかの子とかかわって遊べますか。

③お子さんは何もおもちゃがない状況で遊べますか。

④お子さんは順番を守れますか。

✷ 運動テスト編

①お子さんは運動をするときに意欲的ですか。

②お子さんは長い距離を歩いたことがありますか。

③お子さんはリズム感がありますか。

④お子さんはボール遊びが好きですか。

✷ 面接対策・子ども編

①お子さんは、ある程度の時間、きちんと座っていられますか。

②お子さんは返事が素直にできますか。

③お子さんはお父さま、お母さまと3人で行動することに慣れていますか。

④お子さんは単語でなく、文で話せますか。

✷ 面接対策・保護者（両親）編

①最近、ご家族での楽しい思い出がありますか。

②ご両親の教育方針は一致していますか。

③お父さまは、お子さんのお家での生活や幼稚園・保育園での生活をどれくらいご存じですか。

④最近タイムリーな話題、または昨今の子どもを取り巻く環境についてご両親で話をしていますか。

section
2023　東京女学館小学校入試問題

■ 選抜方法

　一般入試…考査は１日で、２日間の考査期間中に日時を指定され、10〜20人単位でペーパーテスト、集団テスト、個別テスト、運動テストを行う。所要時間は約２時間30分。考査日前の指定日時に保護者面接がある。
　ＡＯ型入試…保護者、紹介者から各１通ずつの推薦書計２通を提出する。考査は１日で、個別テスト、集団テスト、運動テストを行う。所要時間は約１時間30分。考査日前の指定日時に保護者面接がある。

一 般 入 試

内容はグループによって多少異なる。

┃ ペーパーテスト

筆記用具はクーピーペン（ピンク、青、緑、オレンジ色）を使用。課題によって色の指示があり、訂正方法は//（斜め２本線）または＝（横２本線）。出題方法は口頭。

1 数 量

　色のついた部屋の中に、いろいろなお菓子があります。答えをかくときは、緑のクーピーペンを使いましょう。

・ハートの段です。赤と緑の部屋のドーナツの数はいくつ違いますか。その数だけ○をかきましょう。

・ダイヤの段です。黄色と青の部屋のショートケーキの数を合わせると、いくつになりますか。その数だけ○をかきましょう。

・クローバーの段です。赤と青の部屋のシュークリームの数を合わせると、いくつになりますか。その数だけ○をかきましょう。

・スペードの段です。全部の部屋にあるショートケーキを、３個ずつ箱に入れます。箱はいくつあるとよいですか。その数だけ○をかきましょう。

2 話の理解・常識

　動物たちがお話ししています。それぞれのお話を聞いて、その段の左端の印と同じ色のクーピーペンで○をつけましょう。

・お水の入ったコップに角砂糖を２つ入れたら、甘くなりすぎました。こんなとき、どうすればちょうどよい味になるのかお話ししています。ウサギさんは「もっと水を足すといいよ」と言い、ライオン君は「水をもっと少なくすればいいよ」と言いました。キリンさんは「ちょっとだけ温めるといいよ」と言い、ネコ君は「お砂糖をもう１つ入れる

といいよ」と言いました。正しいことを言っている動物に○をつけましょう。

・水の入ったお風呂で浮き沈みの実験をして、釘を入れたらどうなるのかお話ししています。ウサギさんは「釘は浮くんだよ」と言い、ライオン君は「上の丸いところだけ浮くよ」と言いました。キリンさんは「違うよ、釘は沈むんだよ」と言い、ネコ君は「半分が浮いて半分は沈むよ」と言いました。正しいことを言っている動物に○をつけましょう。

・リンゴを切るとどのような切り口になるのかお話ししています。ウサギさんは「横に切ったら種のところが星のように見えるよ」と言い、ライオン君は「縦に切ったら種が星のように見えてヘタは見えないんだよ」と言いました。キリンさんは「リンゴには種はないよ」と言い、ネコ君は「リンゴには大きな種が1個あるよ」と言いました。正しいことを言っている動物に○をつけましょう。

・砂場で砂のお城を作るのに、崩れないようにするにはどうしたらよいかお話ししています。ウサギさんは「下を細くして上を大きくした方がいいよ」と言い、ライオン君は「トンネルをたくさん掘ると崩れないよ」と言いました。キリンさんは「サラサラの砂だけで作ろうよ」と言い、ネコ君は「水で少し砂を湿らせて作ると壊れにくくなるよ」と言いました。正しいことを言っている動物に○をつけましょう。

3 巧緻性

・上の段です。緑のクーピーペンで、左のお手本と同じ形を右の四角の中に、なるべく同じ大きさでたくさんかきましょう。

・真ん中の段です。ピンクのクーピーペンで、左のお手本と同じ形を右の四角の中に、なるべく同じ大きさでたくさんかきましょう。

・下の段です。左端の四角にオレンジ色のクーピーペンで好きな形をかき、その形をお手本にして、右の四角の中に同じ形をなるべく同じ大きさでたくさんかきましょう。

・上の段をもう一度見てください。左のお手本を、好きな色で丁寧に塗りましょう。

・真ん中の段をもう一度見てください。左のお手本を、1つの色だけでなく2つの色を使って塗りましょう。

集団テスト

絵画（想像画）

B4判の画用紙、20色のクレヨンが用意されている。テスターが画用紙に描かれた大きなオレンジ色（または灰色）の卵の絵を見せながらお話をする。

・（オレンジ色の卵の場合）このオレンジ色の卵から、オレンジ色の

オレンジ色（または灰色）の卵の絵

魚が産まれました。その魚と一緒に海の中で遊んでいる絵を描きましょう。

・（灰色の卵の場合）この灰色の卵から灰色の生き物が産まれて、空にどんどん昇って宇宙まで行きました。その生き物と一緒に宇宙で遊んでいる絵を描きましょう。

親子課題（行動観察）

親には青と赤の四角いプラカード、子どもには青と赤の丸いプラカードが用意されている。親はいすに座り、子どもはその前に立ってテスターの方を向く。テスターから、子どもは自分の思う方のプラカードを、親は子どもが選ぶと思うプラカードを上げるよう指示がある。

・チョコレートとおせんべい、どちらが好きですか。チョコレートなら赤、おせんべいなら青を上げましょう。

・大きくなったらどちらになりたいですか。お医者さんなら赤、看護師さんなら青を上げましょう。

・演じるならどちらがよいですか。オオカミなら赤、子ヤギなら青を上げましょう。

・好きな食べ物はどちらですか。ブドウなら赤、イチゴなら青を上げましょう。

・好きな動物はどちらですか。イヌなら赤、ネコなら青を上げましょう。

・好きな方はどちらですか。水族館なら赤、動物園なら青を上げましょう。

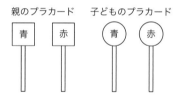

親のプラカード　子どものプラカード

親子課題（行動観察）

日程により内容は異なり、ⅠかⅡのどちらかを行う。親子それぞれ5人程度のグループに分かれ、子どものみ別室に移動して自由遊びをする。その間、親はジェスチャーゲームの相談と練習をして、後から子どもたちが合流する。

（ジェスチャーゲームⅠ）
子どもが別室に移動した後、親の1人が裏返しになっている3枚の絵カードから1枚を引く。絵カードの絵には玉入れ、サッカー、バレエ、バスケットボールなどがあり、親はその絵のジェスチャーを相談し、練習する。約10分後に子どもが戻ってきたら、親は子どもの前でジェスチャーをする。「ハイポーズ」とテスターが言ったら動きを止めてポーズをとり、子どもがジェスチャーのテーマを当てる。親は何のジェスチャーをしていたのか自分の子どもに伝え、子どもは親と同じポーズができるように練習する。その後、子どもだけでポーズをとり、テスターはどんなポーズをしているのか一人ひとりに質問する。

（ジェスチャーゲームⅡ）

子どもが別室に移動した後、親の1人が裏返しになっている3枚のカードから1枚を引く。カードには「白雪姫」、「おおきなカブ」、「浦島太郎」など昔話の題名が書いてあり、親はその昔話の演じる場面と配役を相談して決め、練習する。約10分後に子どもが戻ってきたら、親は子どもの前で物語を演じる。最後の場面で「ハイポーズ」とテスターが言ったら動きを止めてポーズをとり、子どもがどの昔話かを当てる。親は何の役を演じていたのか自分の子どもに伝え、子どもは親と同じポーズができるように練習する。その後、子どもだけでポーズをとり、テスターはどんなポーズをしているのか一人ひとりに質問する。

（自由遊び）

親がジェスチャーを練習している間、別室で行う。グループごとに、用意されている魚釣り、的当て、積み木、カラーボールをスプーンで運ぶ遊びなどのコーナーで自由に遊ぶ。

集団ゲーム（当てっこゲーム）

6、7人のグループで、机に着席して行う。テスターがみんなに向かって問いかけをしたら、各自思いついたことを一斉に答える。グループ内に同じことを言った子がいたら勝ち。同じように何問か行う。

集団ゲーム（しりとり）

当てっこゲームと同じグループでしりとりを行う。テスターからスタートして、次の人からは言葉を2つずつ言う（テスター「ウシ」、次の人「獅子舞」「イノシシ」など）。言い終えたら手を1回たたき、次の人がテンポよく続けていく。グループで2巡するまで行う。

生活習慣

離れた場所にある机の上に、少しぬれた小さいぞうきんがたくさん置いてある。1人1枚ずつ取って水の入っていないバケツの中でぞうきんを絞り、自分が使った机といすをふく。その後、使ったぞうきんを物干しざおに干す（洗濯ばさみはない）。

個別テスト

言 語

集団テストの絵画の最中に、テスターから質問される。
・何を描いていますか。
・どこで遊んでいますか。

構　成

箱に入った数種類の色と形のブロックが用意されている。ブロックには凹凸があり、差し込んでつなぐことができる。

・好きなブロックを選んで9個つなげてください。

・青いブロックを3個つなげましょう。

・赤と青と白の3つのブロックを1つずつつなげたものを作ります。つなげ方が全部違うものになるようにして、できるだけたくさん作りましょう。

・（ブロックをいくつかつなげたお手本が示される）お手本と同じになるように、ブロックをつなげましょう。

運動テスト

鉢巻きを腰に巻きチョウ結びをして、上履きと靴下を脱ぎ裸足で行う。カラーテープで示された床の四角の中に、指示通りにたたんだ靴下と上履きを置く。

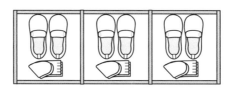

かけっこ

コーンまで走る。

持久力

鉄棒にひじを曲げてぶら下がる（5秒間）。

ボールつきリレー

スタートラインから緑の線までボールをつきながら進み、線を越えたらボールを持って走って戻る。次の人にボールを渡したら、列の後ろにつく。

ＡＯ型入試

個別テスト

言　語

テスターが2人いる部屋に1人ずつ入室し、テスターの前にあるフープに気をつけの姿勢で立ち、質問に答える。

・お名前を教えてください。

・幼稚園（保育園）の名前を教えてください。

・担任の先生の名前を教えてください。

・好きな天気はどんな天気ですか。理由もお話ししてください。

・幼稚園（保育園）では何をしていますか。

・休みの日はどのようなことをして過ごしていますか。

・お母さんの作る料理で好きなものは何ですか。

4 常識（判断力）・絵画

水筒やパジャマなどいろいろなものの絵が描いてある台紙、クーピーペンが用意されている。

・絵の中から、旅行に行くときに持っていきたいものを5つ選んで、オレンジ色のクーピーペンで○をつけましょう。

オレンジ色と緑の四角がかかれ、下に余白のある用紙を渡される。

・旅行には誰と行きたいですか。オレンジ色の四角には一緒に行きたい家族の人の数だけ○を、緑の四角には家族ではない人の数だけ○をかきましょう。

・その下に、旅行した場所で食べたいものの絵を描きましょう。

集団テスト

3～5人のグループに分かれ、マスクを外して行う。

5 課題遊び

数種類の表情の顔がマスの中に描いてあるすごろくの紙が壁に貼られている。いすに座って自分の順番を待ち、自分の番になったら前へ出る。あらかじめ教わった「いろんなお顔、どんな顔」という歌を歌いながらサイコロを振る。テスターに目の数を聞かれるので答え、その数だけマグネットの駒を進めて「決まりました」と言う。止まったマスに描いてある顔のまねをして、どうしてそのような表情になったのか理由を考えて話す。1人2回ずつ行う。

リズム・身体表現

「もりのくまさん」の曲に合わせて、自分たちで振りつけを相談して決めた後に踊る。

運動テスト

上履きと靴下を脱ぎ、裸足で行う。カラーテープで示された床の四角の中に、指示通りにたたんだ靴下と上履きを置く。

📖 的当て

カラーボールを2つ取り、動物の的に向かって投げる。

📖 アザラシ歩き

スタートから指示された線までアザラシ歩きで進む。

📖 片足バランス

テスターの指示に従って、その場で飛行機のように腕を広げて片足バランスをする。

📖 連続運動

グループの色の矢印がついたフープの中に立つ→「ヨーイ、ドン」の合図でろくぼくまで走る→ろくぼくを登って動物の的にタッチする→ろくぼくを下り、スタートラインまでスキップで戻る。

保護者面接

一 般 入 試

・志望理由をお聞かせください。
・本校の名前をいつごろ知りましたか。
・本校にはなくて他校にあると感じた特徴や、気づかれたことを教えてください。
・本校に求めることはどのようなことですか。
・どのようなお子さんですか。
・お子さんが今一番熱中していることは何ですか。
・お子さんのことをかわいいと思うのはどのようなときですか。
・休日はどのようにお過ごしですか。
・子どものころの好きな遊びと、印象に残っている先生についてお聞かせください。
・ご自身の子どものころと比べて、今は恵まれていると感じることはどのようなことですか。
・ご自身のこの先10年後、15年後をどのようにお考えですか。
・ＩＣＴは何か利用されていますか。
・オンライン会議の悪いところは、どのようなところだと思われますか。

ＡＯ型入試

推薦書、願書を見ながら、書かれた内容などについて質問される。返答内容から発展した

質問が進む。

・お名前と、自己紹介をお話しください。

・お子さんの長所と短所をお聞かせください。

・お子さんの名前の由来についてお聞かせください。その名前の通りに成長していますか。

・お子さんについて、アピールをしてください。

・ごきょうだいで性格は違いますか。けんかはしますか。

・本校の説明会、バザーの印象についてお聞かせください。

・ご夫婦で家事の分担はされていますか。

・子育てに関する不安はありますか。

・将来、お子さんが海外に行きたいと言ったらどう考えますか。

・１年生の担任に何を求めますか。

・本校に求めることはどのようなことですか。

・共働きですが、お迎えには対応できますか。

・本校には合格したら入学されますか。

1

♥	
♦	
♣	
♠	

2

3

4 〈台紙〉

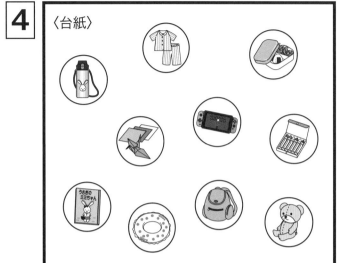

〈用紙〉 オレンジ色の四角

緑の四角

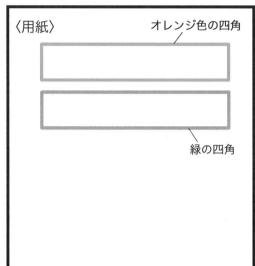

5

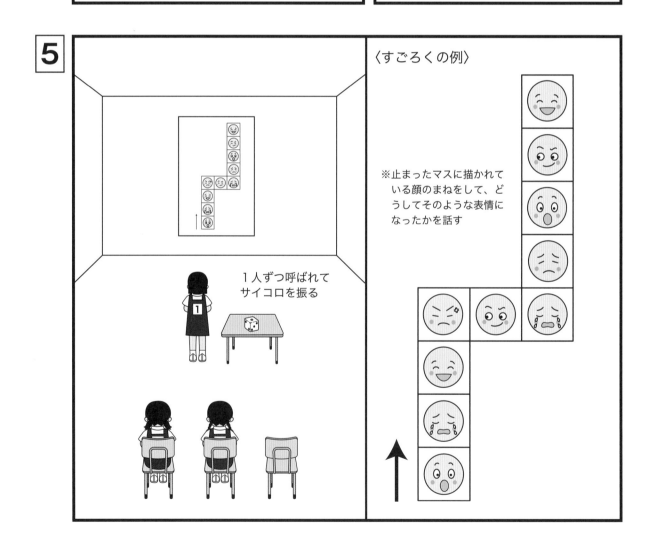

〈すごろくの例〉

1人ずつ呼ばれて
サイコロを振る

※止まったマスに描かれて
いる顔のまねをして、ど
うしてそのような表情に
なったかを話す

section 2022 東京女学館小学校入試問題

■ 選抜方法

一般入試…考査は１日で、２日間の考査期間中に日時を指定され、10〜20人単位でペーパーテスト、集団テスト、個別テスト、運動テストを行う。所要時間は約２時間30分。考査日前の指定日時に保護者面接がある。

AO型入試…保護者、紹介者から各１通ずつの推薦書計２通を提出する。考査は１日で、個別テスト、集団テスト、運動テストを行う。所要時間は約１時間15分。考査日前の指定日時に保護者面接がある。

一 般 入 試

内容はグループによって多少異なる。

| ペーパーテスト | 筆記用具はクーピーペン（ピンク、青、緑、オレンジ色）を使用し、訂正方法は // （斜め２本線）。出題方法は口頭。 |

1 数量・観察力（同図形発見）

（Aを見ながらBに解答する）色のついたマス目の中にいろいろな形がかいてあります。今からお話しする形を数えて、入っているマス目と同じ色のクーピーペンで、その数だけ○をかきましょう。

・１段目です。緑のマス目に入っている左端の形の数だけ○をかきましょう。
・２段目です。青のマス目に入っている左端の形の数だけ○をかきましょう。
・３段目です。オレンジ色のマス目に入っている左端の形の数だけ○をかきましょう。
・４段目です。緑のマス目に入っている左端の形の数だけ○をかきましょう。
・５段目です。ピンクのマス目に入っている左端の形の数だけ○をかきましょう。

2 推理・思考

色のついた星の印と、トランプのマークがかかれた折り紙があります。

・ピンクの星がついた折り紙を、そのまま右から左に縦半分に折ります。そのときダイヤと重なるマークに、星と同じ色のクーピーペンで○をつけましょう。
・オレンジ色の星がついた折り紙がコトンと倒れ、星が右上になりました。この折り紙を右から左に縦半分に折ったときスペードと重なるマークに、星と同じ色のクーピーペンで○をつけましょう。
・青い星がついた折り紙がコトンと倒れ、星が左下になりました。この折り紙を左から右に縦半分に折ったときクローバーと重なるマークに、星と同じ色のクーピーペンで○をつけましょう。

3 構成

・上の積み木がお手本です。お手本から1つだけ積み木を動かしてできるものを、下から
選んで青のクーピーペンで○をつけましょう。

集団テスト

絵画（想像画）

B4判の画用紙、20色のクレヨン、ビニールの手袋が用意されている。最初にビニール
の手袋を着用する。絵を描き終わったら手袋を外して、机の左上に戻すよう指示がある。

・あなたが魚だったとします。海の中に何かがボチャンと落ちてきました。それを使って
遊んでいる絵を描きましょう。（「森で動物と遊んでいたらヒラヒラと何かが落ちてきま
した。それを使って遊んでいる絵を描きましょう」、「空からドスンと何かが落ちてきま
した。それで何かをしている様子を描きましょう」など、グループによってテーマは異
なる）

行動観察（お食事会ごっこ）

5人ずつのグループで行う。グループごとにテーブルといすが用意され、テーブルの中央
に模擬のお寿司がのった大皿、各自の席に割りばし1膳と紙皿が用意されている。

・グループのお友達と相談して、なるべくたくさんお寿司を食べられるように上手に分け
ましょう。お寿司の数は全員が同じ数になるようにしてください。

・何個ずつ分けるかが決まったら、それぞれ自分のお寿司をおはしでお皿に取ります。グ
ループごとに「いただきます」を言い、マスクをしたまま食べるまねをしましょう。

・食べ終わったら、お寿司はおはしで元の場所に戻します。紙皿はすぐそばの机に片づけ、
割りばしはゴミ箱に捨てましょう。

親子課題（行動観察）

親子ごとに行う。考査日によって課題は異なる。

Ａジャンケンゲーム…親子で向かい合い、「グリンピース」などの掛け声に合わせてお約
束の動きでジャンケンをくり返し行う。

〈約束〉

・グーはしゃがむ。
・チョキは片方の手と、手とは逆の足を前に出す。
・パーは手足を横に大きく広げる。

・あいこのときは「ドン」と言う。先に言った方の勝ち。
・次のジャンケンの掛け声（「グリングリン」「パリンパリン」「チョリンチョリン」など）は、勝った方が言う。

B リズム遊び…親子で自由に考えて行う。一方が「あんなこと、こんなこと、できますか」と言いながら体を動かしたら、もう一方が「あんなこと、こんなこと、できますよ」と返しながら動きをまねる。くり返し行う。

親子課題（行動観察）

親子それぞれ5、6人ずつのグループで行う。まず子どものみ別室に移動し、課題の劇遊びをする。その間、親はジェスチャーゲームの相談と練習を行う。親の練習が終わったら子どもが戻り、ジェスチャーゲームをする。

（子どもの課題）
泣いている悲しい顔の女の子、泣いていない悲しい顔の女の子、怒っている顔の女の子、すごく怒っている顔の女の子の絵カードが、それぞれ複数枚ずつ用意されている。机の上に裏返しでバラバラに置かれた絵カードから、1人1枚ずつ引いてお友達と見せ合い、一番多かった表情が選ばれる。女の子はどうしてこのような顔になったのか相談してお話を作り、劇遊びをする。何度かくり返し行う。

（親子課題）
5、6人ずつのグループごとにテーマが与えられる（海にいる人、遊園地にいる人、工事現場で働く人など）。グループ内でさらに2、3人に分かれ、テーマに沿って数種類の異なるジェスチャーを相談し、練習を行う。その後、親と子どもが合流し、グループごとに親子で向かい合い、親が子にジェスチャーを見せ、子どもたちが何をしているところか当てる。テスターが「ハイポーズ」と言ったら、親はジェスチャーの動きを止めてポーズをとる。子どもはそのポーズを見た後、目をつぶる（または後ろを向く）。その間に親は1ヵ所だけポーズを変え、目を開けた（向き直った）子どもたちが先ほどとはどこが違っているかを当てる。

個別テスト

言　語

集団テストの絵画の最中に、テスターから質問される。
・何を描いていますか。

・どうしてそれを描いたのですか。

4 位置・数量（進み方）

マス目のところどころに絵が描かれた台紙と、赤、青、緑のサイコロ形のビーズがたくさん入ったお皿が用意されている。

・今からお話しする通りに、ビーズをマス目に置きましょう。縦に並んでいるクリ全部に、青いビーズを置いてください。（置いたビーズはそのままにして、次の問題に取り組む）

今度はお約束があります。ジャンケンで勝ったら下に2つ、負けたら右に1つマス目を進みます。ただし、あいこのときは動きません。

・ブタ君は青い星のところから下に2つ進みました。そこでジャンケンをしたら、1回勝って1回負けました。ブタ君は今、どこにいますか。そのマス目に赤いビーズを置きましょう。

・ゾウさんは青い星のところにいます。そこでジャンケンをしたら、1回勝って2回負けました。ゾウさんは今、どこにいますか。そのマス目に青いビーズを置きましょう。

・ウサギさんは青い星のところにいます。そこでジャンケンをしたら、2回勝って3回負けました。ウサギさんは今、どこにいますか。そのマス目に緑のビーズを置きましょう。

・好きな色のビーズを青い星のところに置いてください。今から先生とジャンケンを3回します。お約束の通りにビーズを進めて、マス目に置きましょう。（すべて終わったら、ビーズをお皿に片づける）

5 数　量

（4で使用したビーズを引き続き使用する。置いたビーズはそのままにして、次の問題に取り組む）動物たちが的当てをします。真ん中の赤いところに玉が当たると3点、その外側の黄色いところに当たると2点、一番外側の青いところに当たると1点もらえるお約束です。

・ゾウは黄色に2回、青に1回当たりました。何点になりましたか。ゾウの横に、その数だけ緑のビーズを置きましょう。

・ライオンは青に2回、赤に1回当たりました。何点になりましたか。ライオンの横に、その数だけ赤のビーズを置きましょう。

・ウサギは赤に2回、黄色に1回当たりました。何点になりましたか。ウサギの横に、その数だけ青のビーズを置きましょう。

・ウサギがもらった点を2匹で仲よく分けると、1匹分は何点になりますか。お花の横に、その数だけ赤のビーズを置きましょう。

・クマは赤に1回、黄色に2回当たりました。何点になりましたか。クマの横に、その数だけ緑のビーズを置きましょう。

・今クマが黄色に当てた回数だけ、あなたが赤に当てたとすると何点になりますか。女の子の横に、その数だけ青のビーズを置きましょう。

運動テスト
体育館で行う。鉢巻きを腰に結ぶ。終了時に外し、たたんで返す。

的当て
壁に描かれたオニに向かって、ボールを2つ投げる。2つとも投げたらボールを拾いに行く。

両足跳び
床の上のマス目を両足跳びで進む。ただし、1つおきに魚のいる池の絵が描かれた紙が置かれているので、池に落ちないようにそのマス目は跳び越える。

連続運動
スタートから指示された場所までクモ歩き(クマ歩き、スキップなど)をし、そこから走って戻る。

AO型入試

個別テスト

言　語
1人ずつ入室し、テスターの前にあるフープに気をつけの姿勢で立ち、質問に答える。質問が発展していく場合もある。
・お名前を教えてください。
・お父さんとお母さんのお名前を教えてください。
・幼稚園(保育園)と先生のお名前を教えてください。
・幼稚園(保育園)では何をして遊びますか。
・公園では何をして遊びますか。
・お家では何をして遊びますか。
・お父さん(お母さん)とは何をして遊びますか。
・お休みの日はどのように過ごしていますか。
・旅行ができるなら、どこに行きたいですか。
・一番好きな食べ物(ごはん)を教えてください。

・お父さん（お母さん）の好きな食べ物は何ですか。

6 言語・絵の記憶

・（封筒を見せられ）この封筒には絵が入っています。どんな絵だと思いますか。それはどうしてですか。（封筒からお手本の絵を出して見せられ）絵を見てどう思いましたか。

緑とオレンジ色のクーピーペンがテスターの机に用意されている。
お手本を約20秒間見せた後、お手本を隠して台紙を見せられる。
・大人がいたところには緑の○、子どもがいたところにはオレンジ色の○をかきましょう。

集団テスト

7 巧緻性

あみだくじのかかれた台紙とクーピーペンが各自に用意される。あみだくじの上にある丸のうち1つを選んで塗り、そこからあみだくじをスタートする。行き当たったマークに○をつけると、テスターがそのマークのカードを背中のゼッケンに洗濯ばさみで留めてくれる。カードの裏にはそれぞれ違う動物の絵が描かれているが、自分で見ることはできない。あみだくじの下にあるマークは形が同じでも各自で色が異なり、全員が違うマークに行き当たるようになっている。

■ 集団ゲーム（当てっこゲーム）

4人1組で順番に行う。1人が前に出て、7で背中に留められたカードの動物（ネコ、ウマ、ウサギ、ウシなど）を、グループのほかの人に声を出さずに見てもらう。前に出た人はほかの人に質問をして、自分の背中の動物を当てる。ただし、質問には「はい」か「いいえ」でしか答えてはいけないというお約束がある。テスターが質問の仕方（「わたしは茶色ですか？」「わたしは首が長いですか？」など）を教えてくれる。

8 集団ゲーム（サイコロゲーム）

スタートラインに大きなサイコロが用意され、各レーンには手前から赤、青、緑のコーンが縦に並んでいる。サイコロを転がして出た目のお約束通りのコーンを左回りに走って回り、スタートラインまで戻ってくる。前の人が戻ったら次の人も同様に行い、一番早く全員が走り終えたチームの勝ち。
<約束>
・1か2の目が出たら、赤のコーンを回って戻る。
・3か4の目が出たら、青のコーンを回って戻る。

・5か6の目が出たら、緑のコーンを回って戻る。

集団ゲーム（ジャンケンゲーム）

5人ずつのグループ対テスター1人（またはグループ対抗）で、体を使ったジャンケンを行う。親指から小指まで、グループの中で1人ずつどの指の役割をするかを相談して決める。さらに何を出すかも相談し、グループ全員で表現する。

〈約束〉

・グーのときは全員がしゃがむ。

・パーのときは全員が立って大きくバンザイをする。

・チョキのときは人差し指役と中指役の子が立ち、ほかの3人はしゃがむ。

運動テスト

9 的当て・クマ歩き

壁に何種類かの動物の絵が貼られている。それぞれテスターから指示された動物の絵に向かって、スタートラインから玉を2つ投げる。的は、必ずしも自分の正面の動物とは限らない。全員が投げ終わったら玉を拾って片づけ、自分が的にした動物の絵に向かってクマ歩きをする。動物の絵にタッチしたら、走ってスタートラインに戻る。

持久力

鉄棒にひじを曲げてぶら下がる（5秒間）。床にワニの絵が置いてあり「ワニに食べられないようにしましょう」と言われ、床に足がつかないよう気をつける。

保護者面接

一 般 入 試

・志望理由をお聞かせください。

・本校をいつ、どのようにして知りましたか。

・数ある学校の中から、なぜ本校を選んだのか教えてください。

・本校には何回来校されましたか。

・コロナ禍で来校いただく機会も限られましたが、本校をどのように理解しましたか。

・「つばさ」の体験学習の中で、どのような教育をよいと思われましたか。

・他校で魅力を感じたのはどのようなところか、お聞かせください。

・お子さんの名前の由来についてお聞かせください。

・お子さんが最近チャレンジしていることは何ですか。

・お父さま（お母さま）はお子さんにとってどのような存在ですか。

・コロナ禍ではお子さんとどのように過ごし、どのように感じましたか。

・奥さまのどのようなところがよいと思われますか。

・ご自身に、好きで取り組んでいること、没頭していることはありますか。

・思い出に残っている旅はどのような旅ですか。

・最近感動したことをお聞かせください。

・最近のニュースでがっかりされたこと、逆に嬉しいと感じられたことはありますか。

・オリンピックは、お子さんとご覧になりましたか。

ＡＯ型入試

推薦書、願書を見ながら、書かれた内容などについて質問される。返答内容から発展した質問が進む。

・本校には合格したら必ず入学されることに間違いはありませんか。

・本校を選んだ理由をお聞かせください。

・本校でお子さんにはどのように育ってほしいですか。

・本校はオンライン授業に取り組んでいますが、それについてどう思いますか。

・「すずかけ」や「つばさ」がよいと思ったのは、ご両親の実体験からですか。

・お子さんの名前の由来についてお聞かせください。

・お子さんとの日々の過ごし方を教えてください。

・お子さんに期待することをお聞かせください。

・お子さんと奥さまはどのようなところが似ていますか。

・子どもにとって父親（母親）とはどのような存在だと思いますか。

・ご職業について詳しくお聞かせください。どのようなお仕事をされていますか。

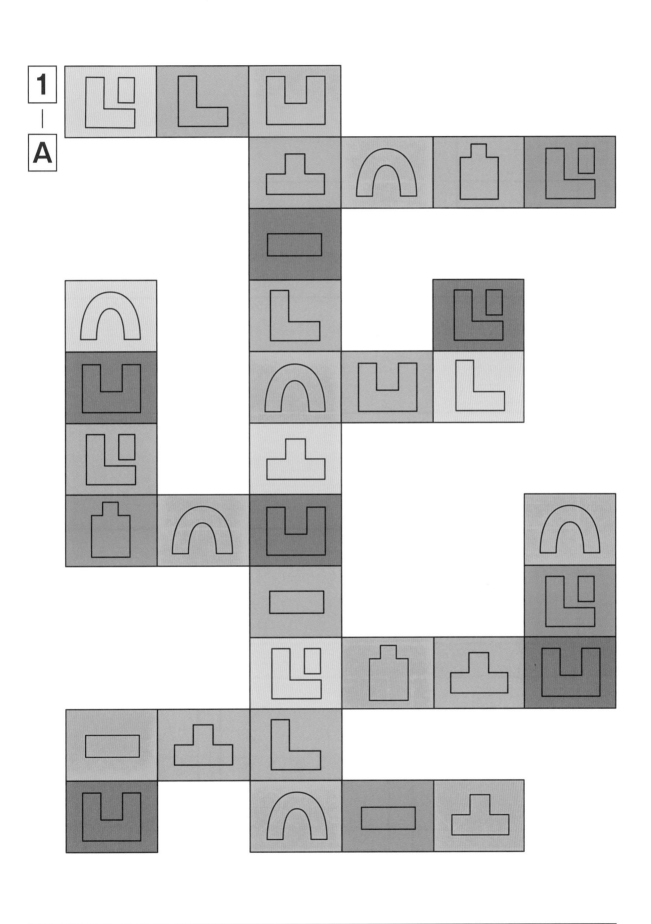

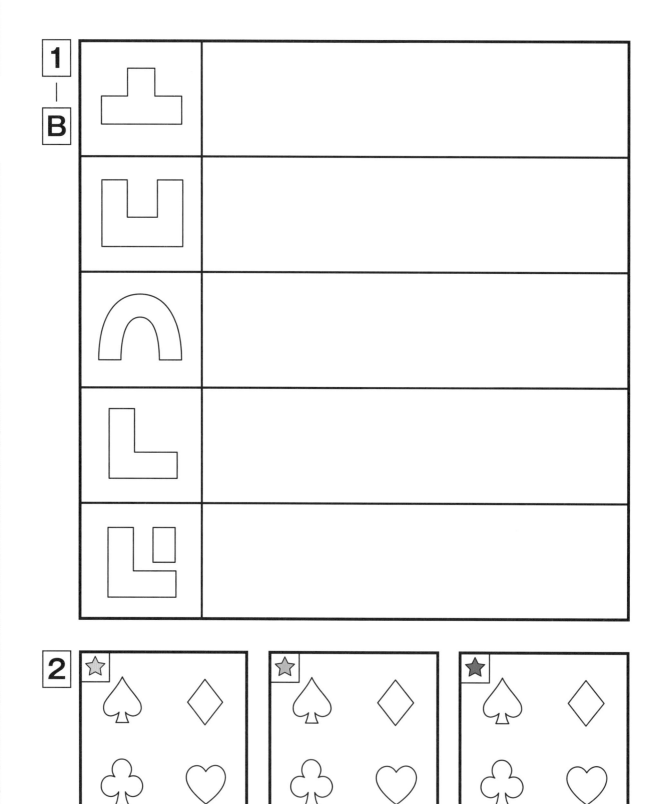

3

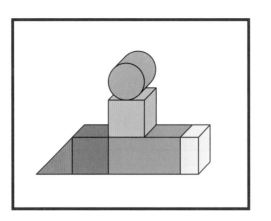

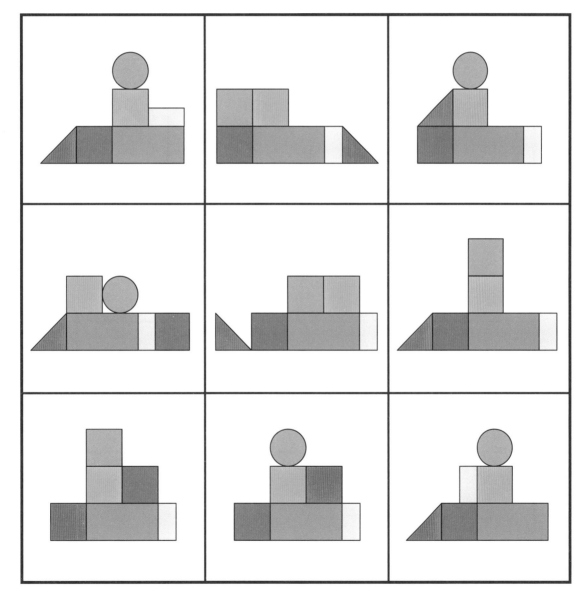

4

★					🍇
		🟠	🟠	🌰	🍇
				🌰	🍇
		🌰	🌰	🌰	🍎
					🍎

5

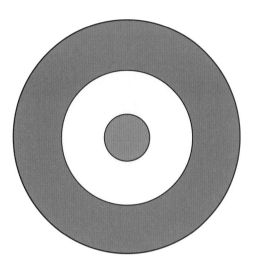

6 【お手本】

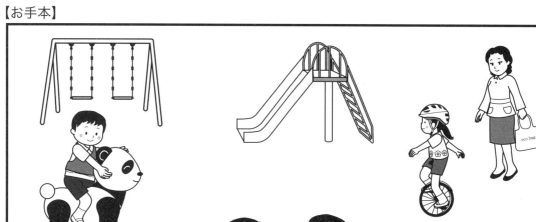

〈台紙〉

7

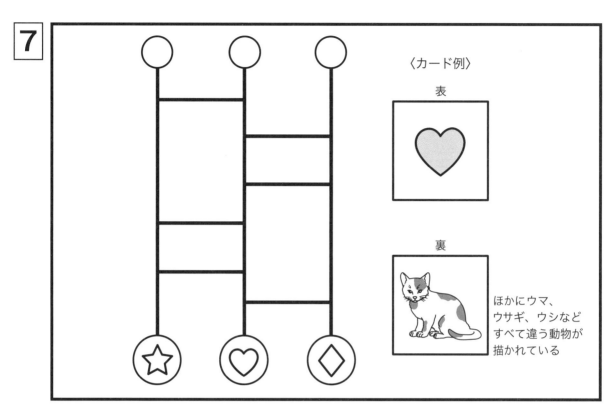

〈カード例〉

表

裏

ほかにウマ、
ウサギ、ウシなど
すべて違う動物が
描かれている

8

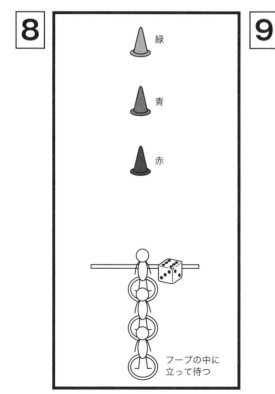

緑

青

赤

フープの中に
立って待つ

9

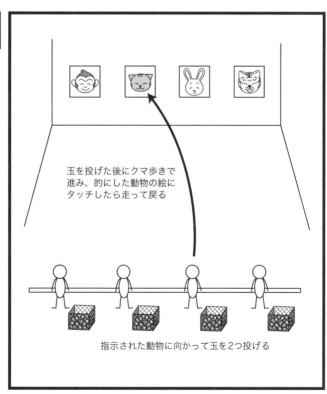

玉を投げた後にクマ歩きで
進み、的にした動物の絵に
タッチしたら走って戻る

指示された動物に向かって玉を2つ投げる

2023
2022
2021
2020
2019
2018
2017
2016
2015
2014

2021 東京女学館小学校入試問題

■ 選抜方法

一般入試…考査は1日で、2日間の考査期間中に日時を指定され、10〜20人単位でペーパーテスト、集団テスト、運動テストを行う。所要時間は約3時間。考査日前の指定日時に保護者面接がある。
　ＡＯ型入試…保護者、紹介者から各1通ずつの推薦書計2通を提出する。考査は1日で、個別テスト、集団テスト、運動テストを行う。所要時間は約1時間。考査日前の指定日時に保護者面接がある。

一般入試

内容はグループによって多少異なる。

┃ ペーパーテスト

筆記用具はクーピーペン（ピンク、青、緑、オレンジ色）を使用。特に色の指定がないときは青のクーピーペンを使用し、訂正方法は //（斜め2本線）。出題方法は話の理解のお話のみ音声で、ほかは口頭。

1 数 量

・上に赤の丸があり、その右の長四角に○が3個かいてありますね。これは、真ん中の大きな四角の中に赤の丸が3個あるので、その数だけ○がかいてあるということです。では、同じように真ん中の四角の中にある同じ色の同じ形を数えて、それぞれの形の下か左にある四角にその数だけ○をかきましょう。

2 話の理解

（テスターが動物のペープサートを見せながら話す）
動物たちが、これから聞くお話について話しています。正しいことを言っている動物に、左端の印と同じ色のクーピーペンで○をつけましょう。
（音声で流れる）
「あきこさんは今日、お父さんが急なお休みでお家にいるのでびっくりしました。お母さんはみんなのために、ウインナーと目玉焼きとトマト2個とコーンスープの朝ごはんを用意し、家族でおいしく食べました。最後には焼きたてのパンも出てきました。それから少したってから、お母さんと妹と一緒におやつにブドウを食べました」

・今日お休みだった人は誰ですか。ウサギさんは「お父さんだよ」と言いました。ゾウ君は「お母さんだよ」と言いました。リスさんは「おばあちゃんだよ」と言いました。クマ君は「おじいちゃんだよ」と言いました。
・朝ごはんでまず食べたものは何ですか。ウサギさんは「ウインナーと目玉焼きとトマト

1個とコーンスープだったね」と言いました。ゾウ君は「ウインナーと卵焼きとトマト2個とコーンスープだったね」と言いました。リスさんは「ウインナーと目玉焼きとトマト2個とコーンスープだったね」と言いました。クマ君は「ウインナーと目玉焼きとトマト3個とコーンスープだったね」と言いました。

・朝ごはんで最後に出てきたのは何ですか。ウサギさんは「おにぎりだったね」と言いました。ゾウ君は「ドーナツだったね」と言いました。リスさんは「ホットケーキだったね」と言いました。クマ君は「焼きたてパンだったね」と言いました。

・あきこさんがおやつに食べたものは何ですか。ウサギさんは「カキだったね」と言いました。ゾウ君は「ブドウだったね」と言いました。リスさんは「クリとドングリだったね」と言い、クマ君は「ナシだったね」と言いました。

3 観察力（同図形発見）

・左上のお手本と同じものを選んで、○をつけましょう。

集団テスト

4 巧緻性

絵の描かれた台紙、クーピーペン（ピンク、青、緑、オレンジ色）が用意されている。

・ヒトデの点線を青のクーピーペンでなぞりましょう。右側のタコをオレンジ色のクーピーペンで塗りましょう。

絵画（想像画）

Ｂ４判の画用紙、マスキングテープ、（ピンク、水色、黄色、オレンジ色、黄緑、紫）が用意されている。

・マスキングテープを自由にちぎって画用紙に貼り、見たこともない鳥の絵にしましょう。

生活習慣

机の上にぞうきん、床の上に水の入ったバケツ3個が用意されている。机の上にあるぞうきんを1枚取り、バケツの水でぬらして絞ったらスタートラインに立つ。テスターから指示された動物の絵が貼られている壁までぞうきんがけをし、壁に着いたら折り返してくる。「やめ」と言われるまで往復する。

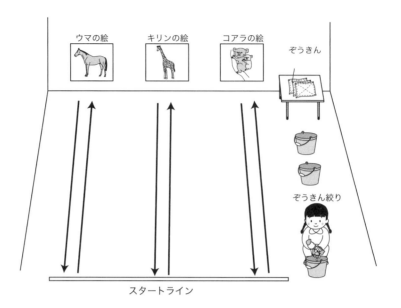

📖 親子課題（行動観察）

親子それぞれ7人ずつのグループで行う。親はいすに座り、子どもは立ったままで実施する。「パンダうさぎコアラ」という手遊びの応用で、みんなで「おいでおいでおいでおいで」と歌い、「ゾウ」「ウサギ」「ネコ」などテスターが言う動物のまねをする。

📖 親子課題（行動観察）

親子それぞれ7人ずつのグループで行う。子どもは手袋（両手ともに手首でしばるタイプのもの）を使用する。装着は親が手伝ってもよい。その後子どものみ別室に移動し、親はジェスチャーゲームの練習、子どもは課題のカードゲームをする。親の練習が終わったら子どもが戻り、ジェスチャーゲームをする。

（子どもの課題）
料理の絵とその料理に必要な材料が6個描かれたカードを1人1枚持つ。机の上に裏返しに積まれたカードから1枚引き、自分が持っている料理の材料が出たら続けてもう1枚引く。違う材料なら次の人、と順番にカードを引いていき、材料のカードが早く全部そろった人の勝ち。料理の絵にはお好み焼きやハンバーグ、スパゲティなどがある。

（親子課題）
親子で向かい合い、ジェスチャーゲームをする。親が絵カードを持ち、何の絵かジェスチャーで子どもに伝える。子どもが当てたら次の親子と入れ替わる。カードの絵は職業や遊びなど、14種類用意されている。

運動テスト

■ ボール投げ

カゴの中からボールを2個取ってくる。つま先をラインに合わせて、ボールをできるだけ遠くに投げる。2個とも投げたらボールを拾いに行く。

■ バランス

指示された線の上をアザラシ歩き、クモ歩き、ツル歩き、ワニ歩きなど指示された動きで進む。

■ 持久力

リズムに合わせてスキップをする。「やめ」と言われるまで続ける。

ＡＯ型入試

個別テスト

■ 言　語

仕切りで2つに区切られた部屋に1人ずつ順に入室し、テスターの質問に答える。仕切りの手前側での質問が終了したら、仕切りの近くで前の人が終わるのを待ち、終わったら仕切りの向こう側に移動してまた質問に答える。両方とも、テスターの前にあるフープに気をつけの姿勢で立ち、質問に答える。質問が発展していく場合もある。

・お名前を教えてください。
・お父さんとお母さんのお名前を教えてください。
・幼稚園（保育園）のお名前を教えてください。
・幼稚園（保育園）では何をして遊びますか。
・公園では何をして遊びますか。
・お家では何をして遊びますか。
・お父さん（お母さん）とは何をして遊びますか。
・好きな食べ物を教えてください。
・お家で一番好きなお部屋はどこですか。
・お休みの日はどのように過ごしていますか。

・一番好きなごはんは何ですか。

集団テスト

巧緻性・行動観察

テスターによるお手本を見ながら、黄色の折り紙で紙飛行機
を折る。
・飛行機が完成したら、掛け声に合わせてみんなで同時に飛
　ばします。誰が一番遠くまで飛ばせるか競争しましょう。

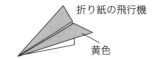

折り紙の飛行機

黄色

運動テスト

模倣体操

テスターの動きに合わせて足の屈伸を行う。

ケンケン

「やめ」と言われるまで、その場でケンケンをする。

バランス

指示された線の上をクマ歩き、クモ歩き、アザラシ歩きなど指示された動きで進む。

競争

2人1組でコーンまで走り、コーンを回ったらスキップ、ケンケンなど指示された動きで
戻ってくる。

伝承遊び

約15人で「だるまさんがころんだ」をして遊ぶ。

保護者面接

一 般 入 試

・志望理由をお聞かせください。
・数ある学校の中から、なぜ本校を選んだのか教えてください。

・奥さまのどのようなところがよいと思われますか。
・お子さんの名前の由来についてお聞かせください。
・本校は厳しい学校ですが、大丈夫ですか。
・共働きのようですが、学校が早く終わるときはどのようにされますか。
・コロナ禍の中、お子さんとどのように過ごし、どう感じましたか。
・お父さま（お母さま）はお子さんにとってどのような存在ですか。
・お子さんが最近チャレンジしていることは何ですか。

ＡＯ型入試

推薦書、願書を見ながら、書かれた内容などについて質問をされる。返答内容から発展した質問が進む。
・本校を選んだ理由をお聞かせください。
・本校の受験を考えたのはいつごろからですか。
・お子さんに期待することをお聞かせください。
・お子さんとの日々の過ごし方を教えてください。
・どのようなお仕事をされていますか。
・お子さんと奥さまはどのようなところが似ていますか。
・お子さんの名前の由来についてお聞かせください。
・「すずかけ」や「つばさ」がよいと思ったのは、ご両親の実体験からですか。

1

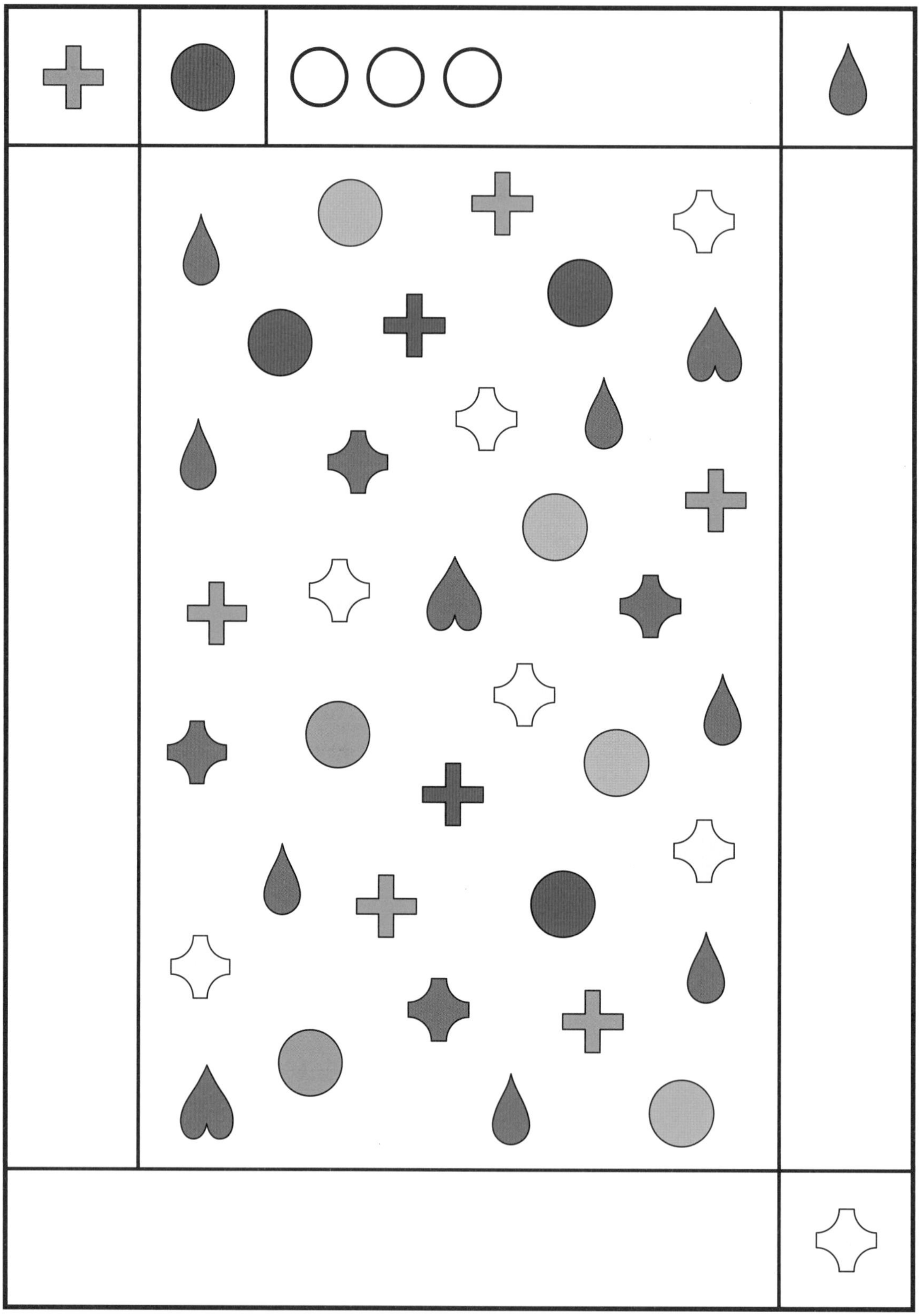

2

動物の
ペープサート

3

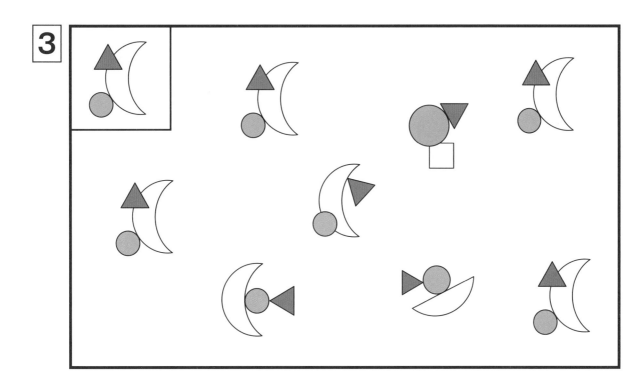

4

section 2020 東京女学館小学校入試問題

■ 選抜方法

　一般入試…考査は１日で、２日間の考査期間中に日時を指定され、10～20人単位でペーパーテスト、集団テスト、個別テスト、運動テストを行う。所要時間は約２時間30分。考査日前の指定日時に保護者面接がある。
　ＡＯ型入試…保護者、紹介者から各１通ずつの推薦書計２通を提出する。考査は１日で、個別テスト、集団テスト、運動テストを行う。所要時間は約１時間。考査日前の指定日時に保護者面接がある。

一 般 入 試

内容はグループによって多少異なる。

ペーパーテスト	筆記用具はクーピーペン（ピンク、青、緑、オレンジ色）を使用。特に色の指示がないときは青のクーピーペンを使用し、訂正方法は //（斜め２本線）。出題方法は話の理解のみ音声で、ほかは口頭。

1 数 量

・上に青の丸があり、その右の長四角に○が３個かいてありますね。これは、真ん中の大きな四角の中に青の丸が３個あるので、その数だけ○がかいてあるということです。では同じように真ん中の四角の中にある同じ色の同じ形を数えて、それぞれの形の下か右にある四角にその数だけ○をかきましょう。

2 数 量

・それぞれの丸の中にあるものの数を数えて、数が少ない丸から順番に線で結びましょう。

3 話の理解

　（テスターが工作物のスーパーロケットのお手本を見せながら話す）
　動物たちがこのスーパーロケットの様子についてお話ししています。それぞれのお話を聞いて、その段の左端の印と同じ色のクーピーペンで○をつけましょう。

・このロケットの乗るところは何を使って作っているのか、動物たちがお話ししています。ウサギさんは「プラスチックの板で作っているよ」と言いました。ライオン君は「木の枝で作っているよ」と言いました。ブタさんは「発泡スチロールで作っているよ」と言いました。ゾウ君は「割りばしで作っているよ」と言いました。正しいことを言っている動物に○をつけましょう。

・このロケットのてっぺんのところは何を使って作っているのか、動物たちがお話しして

います。ウサギさんは「ピンポン球で作っているよ」と言いました。ライオン君は「折り紙を丸めて作っているよ」と言いました。ブタさんは「スーパーボールで作っているよ」と言いました。ゾウ君は「ティッシュペーパーで作っているよ」と言いました。正しいことを言っている動物に○をつけましょう。

- このロケットの羽根は何を使って作っているのか、動物たちがお話ししています。ウサギさんは「白い薄い紙で作っているよ」と言い、ライオン君は「色のついた画用紙で作っているよ」と言い、ブタさんは「折り紙で作っているよ」と言い、ゾウ君は「紙テープで作っているよ」と言いました。正しいことを言っている動物に○をつけましょう。
- ロケットはどの位置から飛ばすと一番遠くまで飛ぶのか、動物たちが話しています。ウサギさんは「目の高さから飛ばすといいよ」と言い、ライオン君は「腰の高さから飛ばすとよく飛ぶよ」と言いました。ブタさんは「頭より上から飛ばすといいよ」と言い、ゾウ君は「ひざのところから飛ばすと遠くまで飛ぶよ」と言いました。正しいことを言っている動物に○をつけましょう。

4 言語（しりとり）

- 左上に描いてあるわたあめから左下のルーレットまで、矢印の通りにしりとりでつなげます。空いているところに入る絵を、下から選んで枠と同じ色で○をつけましょう。

5 観察力（同図形発見）

- 左上のお手本の形を組み合わせてできているものを選んで、オレンジ色のクーピーペンで○をつけましょう。

▌ 集団テスト

6 絵画（創造画）

形のかかれた画用紙、20色のクレヨンが用意されている。グループにより、上下のように形が異なる。
- ドキドキ、ワクワクすると、あなたはどんな顔になりますか。かいてある形を使って、その様子を描きましょう。

集団ゲーム（神経衰弱）

親子課題で母親たちが相談している間に、子どものみで行う。たくさんのカードが裏返しに置いてある。順番にカードを2枚ずつめくり、同じカードが出たらもらえる。違うカードは元通りに裏返す。

🔖 行動観察（給食ごっこ）

体育館のパーティションで仕切られた一角で行う。それぞれのグループごとにテーブルといすが用意され、テーブルの上に模擬の寿司、数色ずつの皿とコップ、子ども用のはしが用意されている。あらかじめ、鉢巻きを頭に巻き結んである。

・トレーの上にあるお寿司を何個ずつ分けるか相談して決めましょう。決まったら自分の鉢巻きと同じ色のお皿を取り、決めた数のお寿司をおはしで取り分けましょう。次に、鉢巻きとは違う色のコップを取りましょう。準備ができたらみんなで「いただきます」を言い、食べるまねをしましょう。

🔖 親子課題（行動観察）

親子ごとに行う。

Ａ ジャンケンゲーム…親と子が向かい合い、ジャンケンをする。勝った方が「いっぽんばしこちょこちょ」を歌いながら手遊びをして、負けた方をくすぐる。

Ｂ リズム遊び…「むすんでひらいて」の歌をひざをたたきながら歌う。「で」「て」のところで手を合わせる、ほおをつつくなどの振りつけを各親子で考えて練習し、その後全親子一緒にそれぞれの振りつけで歌う。グループにより「あんたがたどこさ」など課題の歌が異なる。

🔖 親子課題（行動観察）

親子それぞれ４、５人のグループで行う。親はグループごとに「うさぎとかめ」「かたつむり」の曲から１つを選び、約８分間で曲に合わせた振りつけを相談して決める。その間に子どもたちは神経衰弱の課題を行い、その後親と子どもが合流する。親は３〜４分で子どもに振りつけを教え、一緒に発表する。グループにより「ちょうちょ」と「うれしいひなまつり」、「うらしまたろう」と「きんたろう」など、提示される曲の組み合わせが異なる。

個別テスト

🔖 言　語

集団テストの絵画の最中に、テスターから質問される。

・あなたがドキドキ、ワクワクするのはどんなときですか。

7 観察力

マス目のところどころに色が塗られたお手本、色つきのサイコロ（赤、緑、茶色）がたくさん用意されている。底面にマス目がかかれたケースの中に、お手本と同じになるように

サイコロを置く。グループによりお手本が異なる。

| **運動テスト** | 体育館で行う。鉢巻きを頭に巻いて後ろで結ぶ（チョウ結びでもかた結びでもよい）。終了時に外し、たたんで返す。 |

📺 模倣体操

・指の曲げ伸ばしをする。

・足でグーパー、ケンケンを行う。

📺 ボール投げ

鉢巻きの色によって投げる玉の色が赤か白に決められる。テスターから1人2つずつ玉を渡され、できるだけ遠くに投げる。1つ目を投げるときはもう1つの玉を床に置いて、1つずつ思いきり投げる。全員が投げ終わったらみんなで玉を拾って、テスターの持っているカゴに入れる。

📺 持久力

鉄棒にぶら下がり、腕を曲げてあごを鉄棒の高さまで上げ、5秒間静止する。順手でも逆手でもよい。

📺 機敏性

テスターの合図でスタートラインから走る。離れたところにある玉を取って戻り、スタート地点にある自分のカゴの中に入れる。「やめ」と言われるまでくり返す。

AO型入試

個別テスト

📺 言　語

仕切りで2つに区切られた部屋に1人ずつ順に入室し、テスターの質問に答える。仕切りの手前側での質問が終了したら、仕切りの近くで前の人が終わるのを待ち、終わったら仕切りの向こう側に移動してまた質問に答える。両方とも、テスターの前にあるフープに気をつけの姿勢で立ち、質問に答える。質問が発展していく場合もある。テスターはどちらも2人ずついる。

・お名前を教えてください。

・幼稚園（保育園）のお名前を教えてください。

・幼稚園（保育園）では何をして遊びますか。

・公園では何をして遊びますか。

・お家では何をして遊びますか。

・お父さん、お母さんとは何をして遊びますか。

・お父さんとお母さんの名前を教えてください。

・好きな食べ物は何ですか。

・習い事はしていますか。

・おじいさん、おばあさんのお家では何をしていますか。

集団テスト

■ 巧緻性（ペンダント作り）

机の上に、花が描かれ上に穴が１つ開いている台紙、リボン、クーピーペンが用意されている。

・花をクーピーペンで塗りましょう。

・穴にリボンを通して、首から下げられるようにかた結びをしましょう。

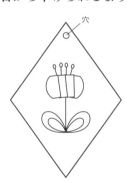

■ 行動観察（しりとり）

約10人で円になり、テスターから始めてしりとりをする。合間に手を２回たたいてリズムを取りながら行う。

■ 行動観察

２人組になり、「なべなべそこぬけ」を歌いながら行う。テスターのお手本を見ながら行う。

運動テスト

2023
2022
2021
2020
2019
2018
2017
2016
2015
2014

🔖 ケンケン

両手を横に広げてケンケンをする。

🔖 バランス

指示された線の上をアザラシ歩き、クモ歩き、クマ歩きなど指示された動きで進む。

🔖 ボール投げ上げ

ドッジボールを真上に投げ上げて、キャッチする。2回行う。

保護者面接

一 般 入 試

・志望動機をお聞かせください。
・受験を考えた時期はいつごろですか。
・本校には何回来校されましたか。
・公開授業について、印象をお聞かせください。
・お子さんの名前の由来についてお聞かせください。
・ご家庭の教育方針について教えてください。
・共働きですが、学校が早く終わるときは大丈夫ですか。
・お父さま（お母さま）はお子さんにとってどのような存在ですか。
・お子さんは最近は何をして遊んでいますか。
・お子さんが最近チャレンジしたことは何ですか。

AO型入試

推薦書、願書を見ながら、書かれた内容などについて質問をされる。返答内容から発展した質問が進む。
・本校を選んだ理由についてお聞かせください。
・「すずかけ」や「つばさ」がよいと思ったのは、ご両親の実体験からですか。
・お仕事の内容について教えてください。
・お子さんの名前の由来についてお聞かせください。
・どのようなお子さんですか。
・お子さんとの日々の過ごし方についてお聞かせください。
・お子さんときょうだいとで、似ているところと違うところを教えてください。
・お子さんに期待することを教えてください。

1

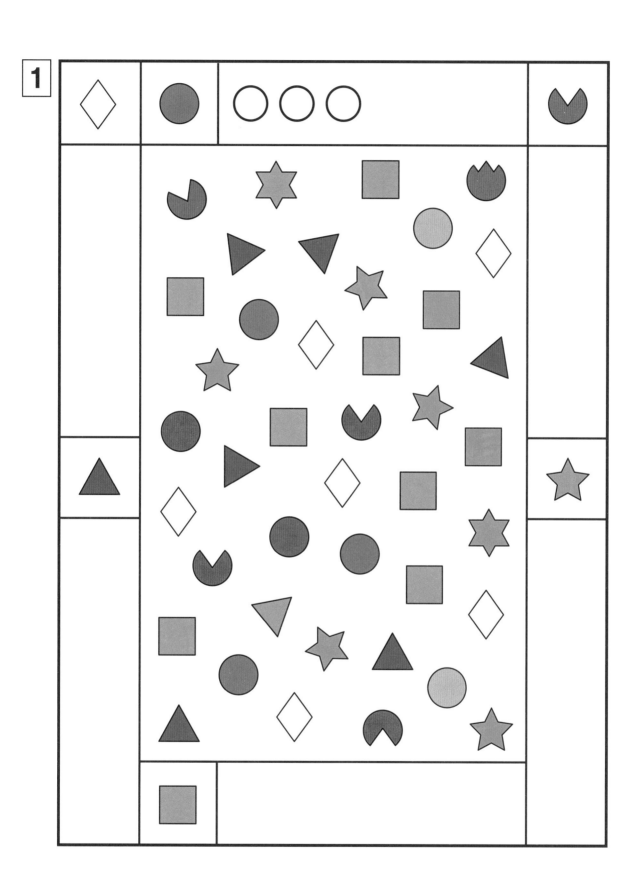

3 【スーパーロケットのお手本】

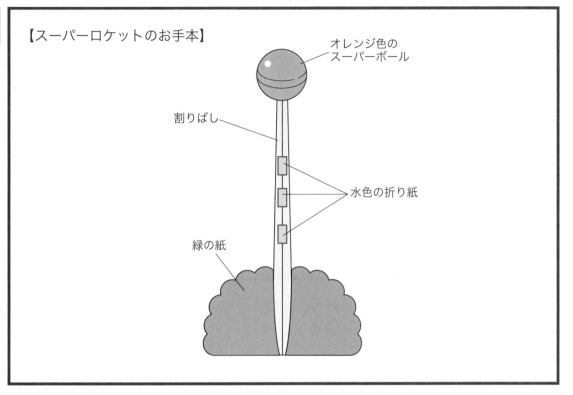

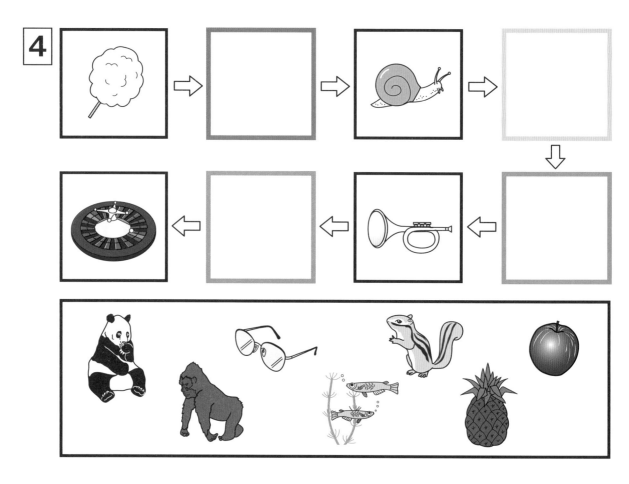

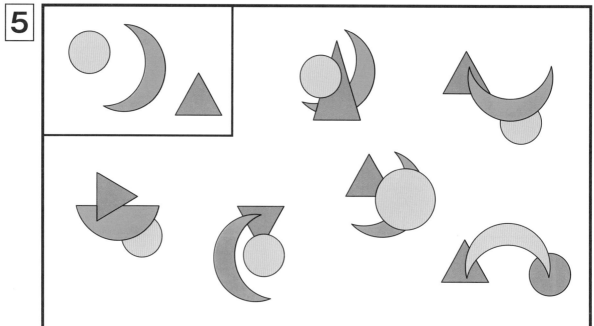

6

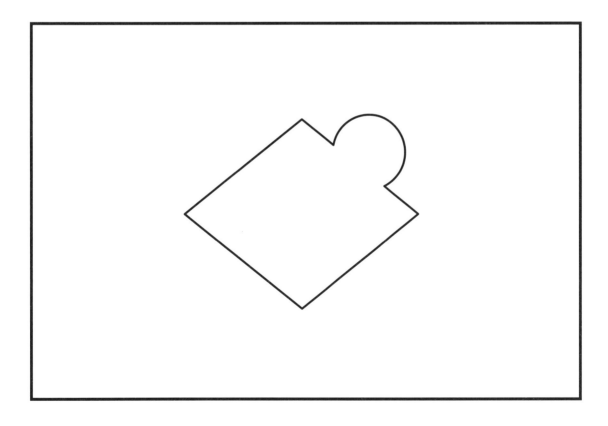

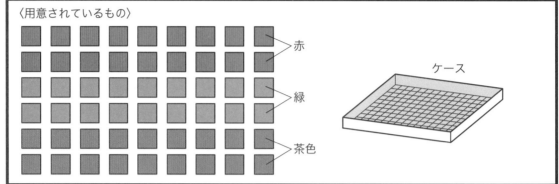

〈用意されているもの〉

赤
緑
茶色

ケース

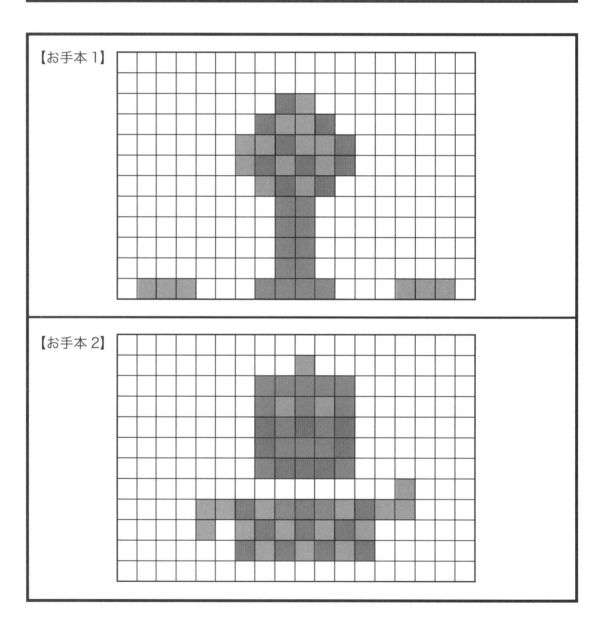

【お手本 1】

【お手本 2】

^{section}
2019　東京女学館小学校入試問題

■ 選抜方法

　一般入試…考査は１日で、２日間の考査期間中に日時を指定され、10〜20人単位でペーパーテスト、集団テスト、個別テスト、運動テストを行う。所要時間は約２時間30分。考査日前の指定日時に保護者面接がある。

　ＡＯ型入試…保護者、紹介者から各１通ずつの推薦書計２通を提出する。考査は１日で、個別テスト、集団テスト、運動テストを行う。所要時間は約１時間。考査日前の指定日時に保護者面接がある。

一般入試

内容はグループによって多少異なる。

■ ペーパーテスト

筆記用具はクーピーペン（ピンク、青、緑、オレンジ色）を使用。特に色の指示がないときは青のクーピーペンを使用し、訂正方法は // （斜め２本線）。出題方法は話の記憶のみ音声で、ほかは口頭。

1 数 量

・左上に赤の丸があり、その下に○が３個かいてありますね。これは、真ん中の大きな四角の中に赤の丸が３個あるので、その数だけ○がかいてあるということです。では同じように真ん中の四角の中にある形を数えて、それぞれの形の下か右にある四角にその数だけ○をかきましょう。

2 観察力（同図形発見）

・左上のお手本と同じ形でできているものを選んで、オレンジ色のクーピーペンで○をつけましょう。

3 話の理解・常識

動物たちがお話をしています。正しいことを言っている動物に、左端の印と同じ色のクーピーペンで○をつけましょう。

・（ガタンゴトンと電車が通る音が流れる）ウサギさんは「車の音だわ」と言いました。ライオン君は「電車だよ」と言いました。ゾウ君は「ヘリコプターだね」と言いました。ブタ君は「飛行機だよ」と言いました。

・（ブーンブーンとオートバイが走る音が流れる）ウサギさんは「電車の音だわ」と言いました。ライオン君は「車だよ」と言いました。ゾウ君は「オートバイの音だ」と言いました。ブタ君は「飛行機だよ」と言いました。

・（ゴーッと飛行機が離陸していく音が流れる）ウサギさんは「ヘリコプターだわ」と言いました。ライオン君は「パトカーでしょ」と言いました。ゾウ君は「飛行機の音だ」と言いました。ブタ君は「救急車だね」と言いました。

・（ミーンミーンとセミの鳴き声が流れる）この音はどこから聞こえてきたのでしょうか。ウサギさんは「海からだわ」と言いました。ライオン君は「川の中からだよ」と言いました。ゾウ君は「土の中からだよ」と言いました。ブタ君は「木の上からだよ」と言いました。

4 話の記憶

「今日はなこさんは、お父さん、お母さん、弟と一緒に電車に乗っておじいさんのお家に行きました。電車に乗ると、隣の席にはお母さんに抱っこされた赤ちゃんがいました。赤ちゃんは水色の帽子をかぶっていて、はなこさんがにっこり笑いかけるとうれしそうに笑いました。駅に着くと、おじいさんが待っていてくれました。会うのが久しぶりなので、はなこさんは少しドキドキしました。おじいさんは、はなこさんと弟を見て『大きくなったね』とビックリしていました。駅からおじいさんのお家に向かう途中には川があり、そばにはきれいなお花が咲いていました。はなこさんが『何ていう名前の花かな』と言うと、おじいさんが『それはキクの花だよ』と教えてくれました」

・はなこさんがお出かけの途中で会ったのは、どのような赤ちゃんでしたか。合う絵に緑のクーピーペンで○をつけましょう。

・はなこさんは久しぶりにおじいさんに会うとき、どのような顔をしていたと思いますか。合う絵に緑のクーピーペンで○をつけましょう。

・川のそばに咲いていたお花はどれですか。合う絵に緑のクーピーペンで○をつけましょう。

・おじいさんのお家までは、何に乗って行きましたか。合う絵に緑のクーピーペンで○をつけましょう。

5 推理・思考

・観覧車が矢印の方向に回っています。先頭の子から順番に青のゴンドラから乗ると、紫のゴンドラに乗るのはどの子ですか。その子に○をつけましょう。

6 推理・思考（左右弁別）

・ケーキ屋さんからお家まで帰る途中で、道の右側に見えるお花は全部で何本ですか。その数だけ四角の中に○をかきましょう。

7 推理・思考（対称図形）

・上のお手本のように折り紙を折って、線のところを切り取って開くとどのようになりますか。下から選んで○をつけましょう。

集団テスト

⑧ 絵画（想像画）

大きな雲の形が描かれた画用紙、20色のクレヨン、はさみが用意されている。
・線の通りに雲を切り取り、雲の中に「森の中でしたいこと」をクレヨンで描きましょう。

🔲 行動観察

用意されている縄跳び、長縄で自由に遊ぶ。

⑨ 親子課題（行動観察）

母親には青と赤の丸いプラカード、子どもには青と赤の四角いプラカードが渡される。テスターの質問に対して、正しいと思う方のプラカードをそれぞれ上げる。

Ⓐ歩行者用信号機が描かれたお手本が示される。
・どちらが正しいと思いますか。歩いている人が上だと思ったら赤、歩いている人が下だと思ったら青のプラカードを上げましょう。

Ⓑ郵便の車が描かれたお手本が示される。
・どちらが正しいと思いますか。緑の車だと思ったら赤、赤の車だと思ったら青のプラカードを上げましょう。

🔲 親子課題（行動観察）

親子それぞれ5、6人ずつのグループで行う。親を残して子どものみ別室へ移動し、同じ課題曲に合わせて親はタンバリン、鈴、カスタネット、トライアングルの中から担当する楽器を決めて演奏の練習をし、子どもは振りつけを自分たちで考えて踊る練習をする。約7分間の練習の後、子どもは親のいる部屋に戻り、グループごとに子どもの踊りと親の演奏を発表する。その後、親は子どもから踊りの振りつけを教えてもらい練習し、最後にグループごとに親子一緒に踊りを発表する。課題曲は「あめふり」「おつかいありさん」「チューリップ」など、グループにより異なる。

個別テスト

10 **指示行動・記憶**

グループに分かれて行う。ビー玉（赤、青、緑、黄色でそれぞれ複数ある）の入った入れ物の前に、2枚の皿が上下に置かれている。

・この中から好きな色のビー玉を選んで、全部上のお皿に入れましょう。

ビー玉を元の入れ物に戻した後、左のお手本を15秒見せられてから隠される。上下に5つずつ窪みのある入れ物が用意される。

・今見たお手本と同じになるように、この入れ物にビー玉を入れましょう。

11 **巧緻性**

クーピーペン（ピンク、青、緑、オレンジ色）が用意されている。

・好きな色のクーピーペンで点線をなぞり、キノコは好きな色で塗りましょう。

■ **言　語**

集団テストの絵画の途中で、テスターから質問される。

・お名前を教えてください。
・幼稚園（保育園）の名前を教えてください。
・クラスの名前を教えてください。
・担任の先生の名前を教えてください。

■ **生活習慣**

頭に三角きんをつけ、Tシャツ、靴下、バンダナをたたんで袋に入れてテスターに渡す。

| **運動テスト** | グループごとに色の異なる帽子をかぶる。 |

■ **ボール投げ**

カゴの中に赤玉と白玉がたくさん用意されている。好きな色の玉を2つ取り、床に引かれた線につま先を合わせ、線から出ないようにしてできるだけ遠くに1つずつ投げる。全員が2つとも投げ終えたら、黄色と青の帽子の子どもは赤玉、ピンクと緑の帽子の子どもは白玉など、帽子の色により指示された色の玉を拾い集めてカゴに戻す。

■ **アザラシ歩き**

スタートからゴールまでアザラシ歩きをする。

■ クモ歩き

スタートからゴールまでクモ歩きをする。

■ クマ歩き

スタートからゴールまでクマ歩きをする。

AO型入試

▋ 個別テスト ▋

■ 言　語

仕切りで2つに区切られた部屋に1人ずつ順に入室し、テスターの質問に答える。仕切りの手前側での質問が終了したら、仕切りの近くで前の人が終わるのを待ち、終わったら仕切りの向こう側に移動してまた質問に答える。両方とも、テスターの前にあるフープに気をつけの姿勢で立ち、質問に答える。質問が発展していく場合もある。テスターはどちらも2人ずついる。
・お名前を教えてください。
・幼稚園（保育園）のお名前を教えてください。
・幼稚園（保育園）では何をして遊びますか。
・公園では何をして遊びますか。
・お家では何をして遊びますか。
・お母さん（お父さん）とは何をして遊びますか。
・好きな食べ物を教えてください。
・幼稚園（保育園）の先生は怖いですか。
・おじいさん、おばあさんのお家では何をしますか。
・勉強はどこでしていますか。

▋ 集団テスト ▋

■ 巧緻性（ペンダント作り）

机の上に、クジャクが描かれ上に1つ穴が開いている台紙、リボン、クーピーペン（12色）が用意されている。
・穴にリボンを通して、首からぶら下げられるようにかた結びをしましょう。

・クジャクをクーピーペンで好きなように塗りましょう。

穴

運動テスト

模倣体操

・手足をブラブラ揺らす。
・腕を大きく回す。
・首をぐるりと回す。

持久力

鉄棒にぶら下がり、腕を曲げてあごを鉄棒の高さまで上げ、テスターが5秒数える間静止する。順手でも逆手でもよい。

的当て

2mくらい離れた壁の、床から1mくらいの高さにネコの的が貼ってある。カゴから玉を2つ取り、的をめがけて2回投げる。2回とも投げたら玉を拾いに行き、カゴに戻す。

ろくぼく登り

6人で一斉にろくぼくを登る。青い印のついた段に足を乗せるまで登ったら、上方に貼ってある動物の顔をなでてからろくぼくを下りる。

クマ歩き・両足跳び

スタートラインに6～8人が横一列に並び、テスターの合図で一斉にスタートする。クマ歩きでコーンまで進み、帰りは手を頭につけてウサギのまねをしながら両足跳びで戻ってくる。

保護者面接

父親・母親ともに下記の中からいくつか質問される。

一 般 入 試

・志望動機をお聞かせください。
・お子さんは幼稚園（保育園）ではどのような様子ですか。
・お子さんの名前の由来についてお聞かせください。
・在校中のお姉さんの学校生活についてはいかがですか。
・姉妹の関係について聞かせてください。
・お子さんは、お兄さんと同じ学校に行きたいと言いませんか。
・お子さんは最近何をして遊んでいますか。
・お子さんが最近チャレンジしたことは何ですか。
・お父さまはお子さんにとってどのような存在ですか。
・お母さまはお子さんにとってどのような存在ですか。
・共働きですが、学校が早く終わるときは大丈夫ですか。

ＡＯ型入試

推薦書、願書を見ながら、書かれた内容などについて質問をされる。返答内容から発展した質問が進む。
・本校を選んだ理由についてお聞かせください。
・「すずかけ」や「つばさ」がよいと思ったのは、ご両親の実体験からですか。
・お仕事の内容についてお聞かせください。
・お子さんの名前の由来をお聞かせください。
・どのようなお子さんですか。
・お子さんとの日々の過ごし方についてお聞かせください。
・お子さんときょうだいとで似ているところと違うところを教えてください。
・お子さんに期待することは何ですか。

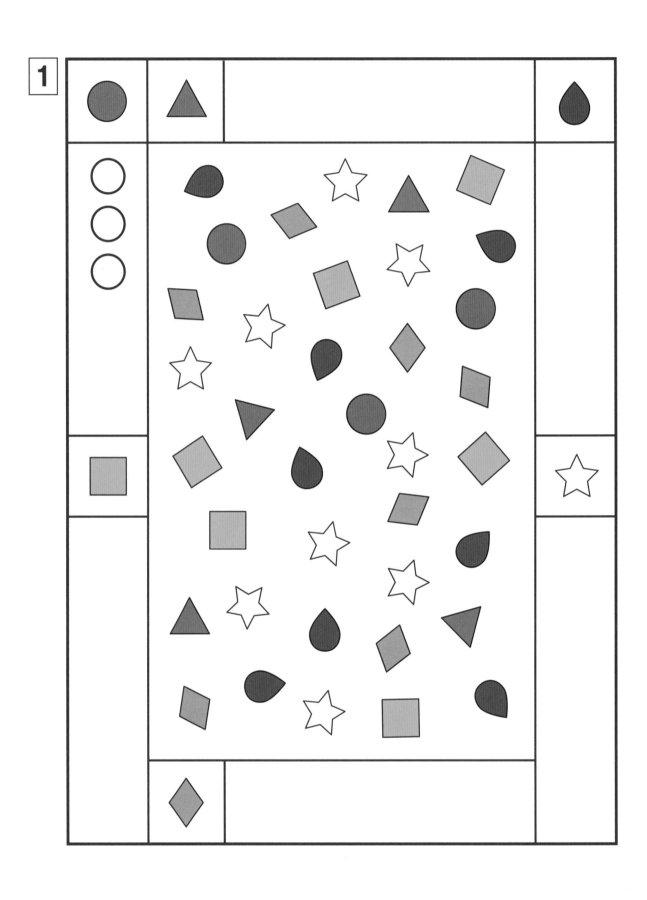

2

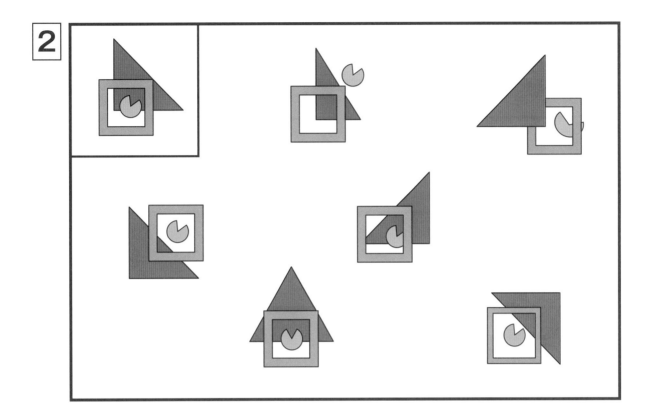

3

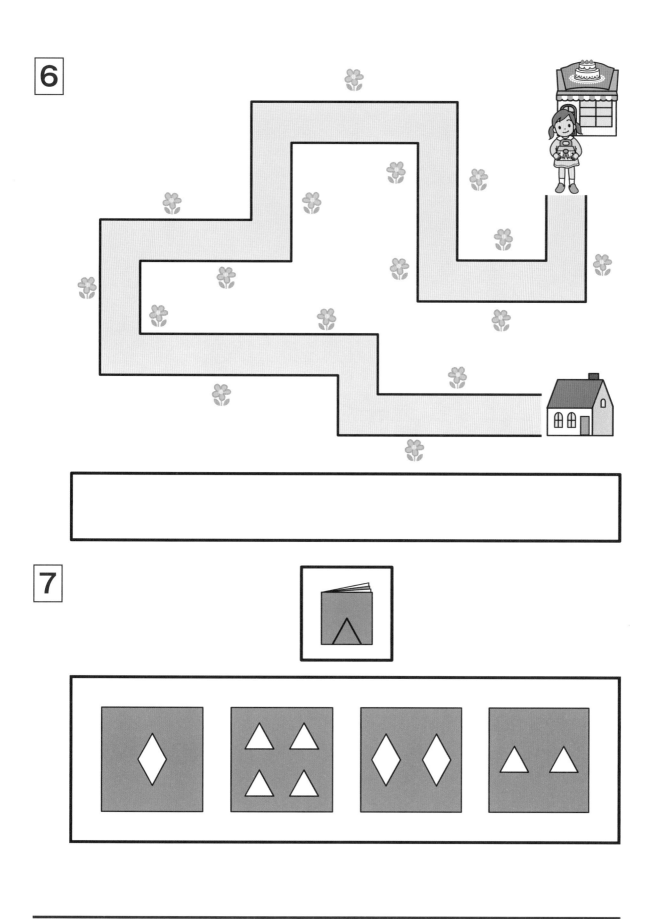

6

7

8

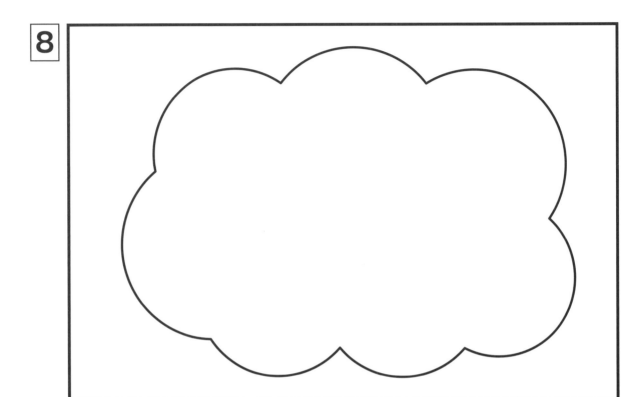

9

（母）

（子）

A

B

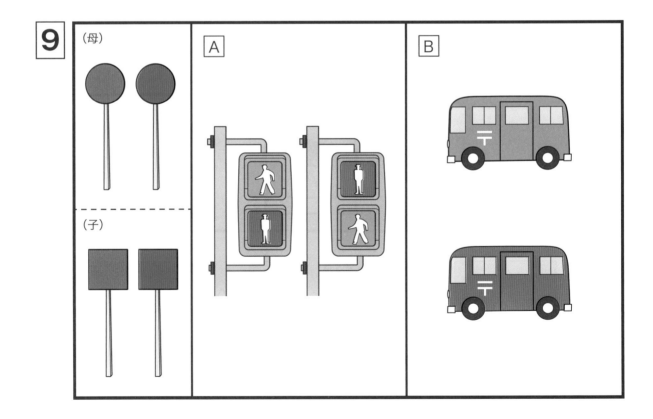

10

【お手本】

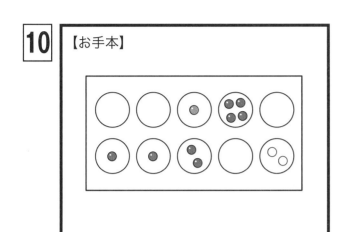

【入れる容器】

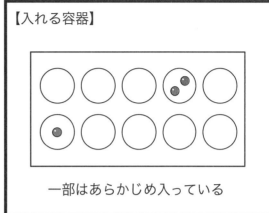

一部はあらかじめ入っている

11

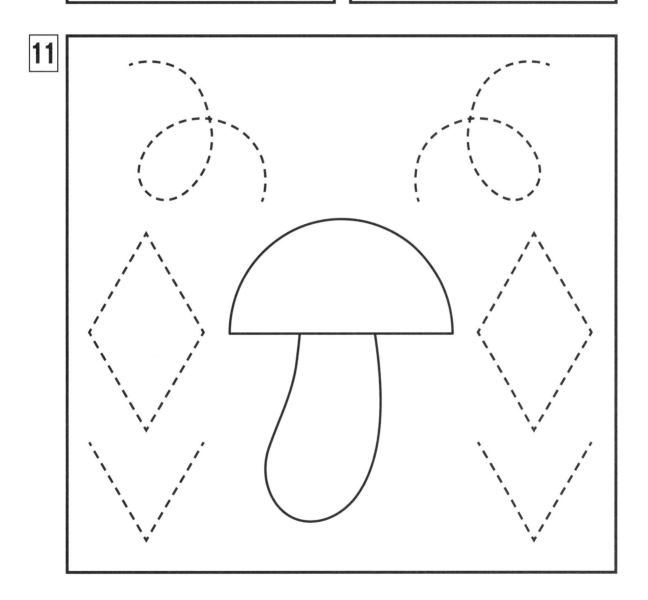

2018 東京女学館小学校入試問題

■ 選抜方法

　一般入試…考査は1日で、2日間の考査期間中に日時を指定され、10～20人単位でペーパーテスト、集団テスト、個別テスト、運動テストを行う。所要時間は約2時間30分。考査日前の指定日時に保護者面接がある。
　ＡＯ型入試…保護者、紹介者から各1通ずつの推薦書計2通を提出する。考査は1日で、個別テスト、集団テスト、運動テストを行う。所要時間は約1時間。考査日前の指定日時に保護者面接がある。

一 般 入 試

内容はグループによって多少異なる。

ペーパーテスト	筆記用具はクーピーペン（ピンク、青、緑、オレンジ色）を使用。特に色の指示がないときは青のクーピーペンを使用し、訂正方法は // （斜め2本線）。出題方法は口頭。

1 数　量

・いろいろな形のお部屋にイチゴとバナナが入っています。四角いお部屋と丸いお部屋が重なっているところには、イチゴとバナナはいくつありますか。合わせた数だけ緑の四角の中に○をかきましょう。

・それぞれのお部屋に入っているイチゴとバナナを合わせた数が一番多いお部屋と一番少ないお部屋では、いくつ数が違いますか。その数だけ青の四角の中に○をかきましょう。

2 話の理解・数量・常識

　テスターが動物のペープサートや具体物、選択肢のフリップを見せながら話す。

・赤の段です。バスにお客さんが5人乗っていて、バス停で3人降りました。次のバス停では4人乗りました。今、バスにお客さんは何人乗っていますか。動物たちのお話を聞いて、正しいことを言っている動物に○をつけましょう。

　ウサギさんは「4人だと思うわ」と言いました。ブタ君は「8人だと思うな」と言いました。ライオン君は「2人だと思うよ」と言いました。ゾウ君は「6人じゃないかな」と言いました。

・ピンクの段です。リンゴを6個買いました。2個食べましたが、お父さんに3個もらいました。今、リンゴは何個ありますか。動物たちのお話を聞いて、正しいことを言っている動物に○をつけましょう。

　ウサギさんは「4個だと思うわ」と言いました。ブタ君は「6個だと思うな」と言いま

した。ライオン君は「7個だと思うよ」と言いました。ゾウ君は「5個じゃないかな」と言いました。

・黄色の段です。動物たちが風船を持っています。ウサギさんは6個、ブタ君は4個、ライオン君は9個、ゾウ君は10個です。ウサギさんがお友達に風船を5個あげました。今、ウサギさんの持っている風船は何個ですか。動物たちのお話を聞いて、正しいことを言っている動物に○をつけましょう。

ウサギさんは「2個だと思うわ」と言いました。ブタ君は「4個だと思うな」と言いました。ライオン君は「1個だと思うよ」と言いました。ゾウ君は「5個じゃないかな」と言いました。

・紫の段です。これから動物ごとに音が流れます。よく聞きましょう。ウサギさんです（包丁のトントンという音が流れてくる）。ブタ君です（救急車のピーポーピーポーという音が流れてくる）。ライオン君です（カナヅチのトントンという音が流れてくる）。ゾウ君です（電車のガタンゴトンという音が流れてくる）。では、台所で聞こえる音はどの動物のときの音でしたか。その動物に○をつけましょう。

・一番下の段です。動物たちがいろいろな旗を持っています。3色で月のある旗を持っている動物の顔に○をつけましょう。

③ 推理・思考（対称図形）

・左のお手本のように折り紙を四つ折りにして黒い部分を切って開くと、どのようになりますか。右から正しいものを選んで、上の動物の顔に○をつけましょう。

④ 推理・思考（水の量）

・それぞれの動物のところに水の入った入れ物が2つずつあります。それぞれ上の入れ物の水をすぐ下の水の入った入れ物に移したとき、ちょうどいっぱいになるのはどれですか。その動物の顔に○をつけましょう。

⑤ 絵の記憶

・上のお手本をよく見ましょう（15秒見せたら隠す）。今見たお手本と同じ絵を選んで、横の動物の顔に○をつけましょう。

⑥ 観察力

・左上のお手本の形を組み合わせてできるものを見つけて、○をつけましょう。

⑦ 系列完成

それぞれの段に、形や印が決まりよく並んでいます。
・一番上の段です。左から2番目に入るものを下の3つから選んで○をつけましょう。

・2段目です。左から3番目に入るものを下の4つから選んで○をつけましょう。

・一番下の段です。右から4番目に入るものを下の4つから選んで○をつけましょう。

8 推理・思考（ルーレット）

・果物を載せたルーレットの周りに動物たちが座っています。今、ウサギの前にはリンゴがありますね。では、ルーレットが矢印の方向に回ってウサギの前にイチゴが来たとき、クマの前にはどの果物が来ますか。クマの絵の横から選んで○をつけましょう。

・その下の段です。同じようにウサギの前にブドウが来たとき、リンゴはどの動物の前に行きますか。リンゴの絵の横から選んで○をつけましょう。

集団テスト

行動観察・生活習慣

長方形に区切られた場所がいくつかあり、それぞれ動物(コアラ、ウマ、キリン、パンダ、ゾウ）の絵がついたコーンが置かれている。グループのお友達と相談して、誰がどの動物の場所をぞうきんがけするか決める。決まったら、カゴに入っているぬれたぞうきんをバケツのところで絞り、その後「やめ」と言われるまで自分の場所をぞうきんがけする。終わったらぞうきんを物干しに干す。

絵画（創造画）

直径10cm程度の丸、三角、半円のシール、画用紙、クレヨンが用意されている。用意されているシールの中から2枚のシールを選んで画用紙に貼り、その形を使ってクレヨンで絵を描き足す。

親子課題（行動観察）

親子が2つのグループに分かれて、親子ごとの課題、子どものグループ課題、親のグループ課題を行う。課題はグループによって異なり、AかBのどちらかを行う。

（親子課題）

Aリズム遊び…テスターがピアノを演奏するので、親子で曲に合わせてダンスを考える。その後、テスターが言う「○○な人！」にあてはまったら、子どもは手を挙げて親子で前にある床の線の上に立ち、ピアノの演奏に合わせて踊る。最後は全員があてはまる質問をされ、全親子が一緒に前に出て踊る。

B身体表現…「だるまさんがころんだ」の「ころんだ」の部分の動きを親子で考え（「ジャンプした」など）、一緒に行う。

（子どもの課題）

Ⓐお祭りごっこ…グループごとに魚釣り、ボウリングなどお祭りで遊ぶゲームの準備をする。その後、母親たちが合流し、一緒に遊ぶ。

Ⓑジェスチャーゲーム…テスターから「おにぎり」「運転手」「洗濯」「カエル」「おもちつき」などの絵を見せられ、その内容を伝えるジェスチャーを考える。その後、母親たちが合流し、子どものジェスチャーを見て何を表しているのか当てる。

（親の課題）

Ⓐ劇当てクイズ…グループごとにくじ引きで決まった昔話（「浦島太郎」「シンデレラ」「3匹のこぶた」など）の劇を演じる。劇の参考に絵本が用意されており、約7分間練習する。その後、子どもたちの前で劇を発表し、子どもは用意されているお話の中から何のお話か当てる。

Ⓑ道具遊び…グループごとに1つの袋を選び、袋に入った道具（ボール、お手玉、輪、ガムテープ、ひも、じょうろ、洗濯ばさみ、布などのうち1種類が複数入っている）を使ったゲームを考える。考えるゲームは、「走らない」「危ないことはしない」「列になってできるゲーム」というお約束がある。その後、子どもたちと合流して考えたゲームで一緒に遊ぶ。

個別テスト ▌ 3人1組で行う。

9 巧緻性

クーピーペン（赤、青、緑、ピンク）が用意されている。

・好きな色のクーピーペンで点線をなぞり、緑で形を塗りましょう（グループによっては点線をなぞる色の指示がある）。

指示の理解・構成

脚同士をつなぎ合わせることができる虫のフィギュアがたくさん用意されている。

・虫同士の脚をつなげて、できるだけたくさん虫をくっつけましょう。
・同じ色の虫同士の脚をできるだけたくさんつなげましょう。

いろいろな色の線がかいてある紙、三角プレート（赤、青、黄色、緑）がたくさん用意されている。

・左から2番目の赤い線の上に黄色の三角を置きましょう。
・三角4つで大きな三角を作り、緑の線の上に置きましょう。

・（三角を組み合わせて作ったお手本を見せる）お手本をよく見てください。（見せた後に隠して）お手本と同じ形を黒い線の上に作りましょう（数種類行う）。

言　語

集団テストの絵画の最中に、描いている絵について聞かれる。

・何を描いていますか。

・どうしてそれを描いたのですか。

運動テスト

体育館で行う。鉢巻きを頭に巻いて後ろでチョウ結びする（かた結びでもよい。終了時に外し、たたんで指定されたカゴの中に入れる）。鉢巻きと同じ色のテープのところで待つ。

模倣体操

・足の屈伸をする。

・肩・首を回す。

・手足をぶらぶら振る。

・指の曲げ伸ばしをする。

持久力

鉄棒にぶら下がり、腕を曲げて、あごを鉄棒の高さまで上げて5秒間静止する。順手でも逆手でもよい。

ボール投げ

青い線から足が出ないようにして、玉入れ用の玉をできるだけ遠くに投げる。1人2個ずつ投げる。

ボール取り競争

紅白のチームに分かれて行う。中央にたくさんの紅白の玉が置いてある。自分のチームの色の玉を取ってきて自分のチームのカゴに入れる。「やめ」と言われるまでくり返し行い、チーム全員の玉の数を合わせて多い方のチームの勝ち。一度に持ってこられるボールは1つだけというお約束がある。

ＡＯ型入試

個別テスト

🔷 言　語

仕切りで2つに区切られた部屋に1人ずつ順に入室し、テスターの質問に答える。仕切りの手前側での質問が終了したら、仕切りの近くで前の人が終わるのを待ち、終わったら仕切りの向こう側に移動してまた質問に答える。両方とも、テスターの前にあるフープの中に気をつけの姿勢で立ち、質問に答える。質問が発展していく場合もある。テスターはどちらも2人ずついる。

・お名前を教えてください。
・幼稚園（保育園）のお名前を教えてください。
・お家の人やお友達に何と呼ばれていますか。
・仲のよいお友達を3人教えてください。
・お父さんとお母さんの名前を教えてください。
・この小学校の名前を教えてください。
・今日は誰と来ましたか。
・今日は何に乗ってきましたか。
・幼稚園（保育園）で好きな遊びは何ですか（発展あり）。
・運動会は終わりましたか。運動会では何をしましたか（発展あり）。
・公園では何をして遊びますか。
・お家では何をして遊びますか（発展あり）。
・お家で何かお手伝いしていることはありますか（発展あり）。
・好きな食べ物（動物）は何ですか。それはどうしてですか。
・得意なことは何ですか（内容に応じてパフォーマンスを求められることがある）。

| 集団テスト |

10 巧緻性（バッジ作り）

ハートとその中心にダイヤが描かれたB6判の画用紙（裏に両面テープがつけられている）、クーピーペン（12色）、はさみが用意されている。
・ダイヤを好きな色で、ハートをいろいろな色で塗りましょう。模様を描いてもよいですよ。塗り終わったら、はさみでハートを切り抜いてください。切り抜いたら裏の両面テープをはがしてバッジにし、自分のゼッケンの数字が見えるところに貼りつけましょう。終わったらお片づけをしてください。

🔷 行動観察

・タンバリンの音に合わせて行進する。

・テスターがたたいたタンバリンの音の数のグループを作り、手をつなぐ。
・テスターの指示通りに2人組などのグループになり、手を合わせるなどの動きをする。

運動テスト

持久力

鉄棒にぶら下がり、腕を曲げて、あごを鉄棒の高さまで上げて5秒間静止する。順手でも逆手でもよい。

的当て

紅白のチームに分かれて行う。床に引いてある白い線から出ないようにして、2mくらい離れた壁の1mくらいの高さに貼ってある赤い線をめがけて自分のチームの色の玉を2回投げる。終わったら走って玉拾いに行き、カゴに戻してから列に戻る。

かけっこ・スキップ

5mくらい間隔をあけ向かい合うようにして、赤、青、白、緑、ピンクのコーンがそれぞれ1組ずつ置いてある。テスターから言われた色のコーンの横に立ち、向かい側の自分の色のコーンめがけて走る。タッチしたら、スキップで戻る。

クマ歩き・アザラシ歩き

2mくらい間隔をあけ向かい合うようにして、赤と黄色のコーンが置いてある。赤のコーンから黄色のコーンまでクマ歩きをして、アザラシ歩きで戻る。

保護者面接 　父親・母親ともに下記の中からいくつか質問される。

一般入試

・志望動機をお聞かせください。
・本校のどこに魅力を感じましたか。
・本校には何回足を運ばれましたか。また、そのときの感想をお聞かせください。
・公開授業はいかがでしたか。
・説明会での校長先生のお話はいかがでしたか。
・「すずかけ」「つばさ」「国際理解」についてどうお考えですか。
・ご家庭で和の文化にふれる機会はありますか。
・どのようなお子さんですか。

- お子さんの得意（苦手）なことは何ですか。
- お子さんがご主人（奥さま）に似ているところはどこですか。できればよいところをお聞かせください。
- お子さんの性格で直してほしいと思うところは何ですか。
- 子育てでこれだけは大切にしたいと思うことは何ですか。
- お子さんをほめる（しかる）のはどのようなときですか。
- お子さんが大声で笑うのはどのようなときですか。
- お子さんは、お母さまにとってどのような存在ですか。
- お子さんの成長を感じたことは何ですか。
- 本校のどのようなところがお子さんに合っていると思いますか。
- お子さんからもらったプレゼントで何が一番うれしかったですか。
- お子さんはお家でのお手伝いはどんなことをしていますか。
- お子さんの好きな遊びは何ですか。
- お子さんがお家で幼稚園（保育園）の先生の話をするときは、どんな話をしますか。
- お母さまはお仕事をされていますが、お子さんとの時間にはどのようにかかわっていますか。
- ご主人はどのような父親ですか。
- お子さんとどのようなところに出かけますか。
- 緊急時のお迎えの対応は可能ですか。

AO型入試

推薦書、願書を見ながら、書かれた内容などについて質問をされる。返答内容から発展して質問が進む。

- 志望理由をお聞かせください。
- ご自身のバックグラウンド（趣味、大学の専攻教科、部活動、現在の仕事の場所、通勤時間、仕事の内容など）についてお聞かせください。
- 学校行事に参加したときの印象をお聞かせください。
- どんなお子さんですか。性格と、それを表すエピソードを教えてください。
- 幼稚園（保育園）児から小学生になる今、大きな変化は何ですか。
- 本校の教育のよいと思うところはどこですか。
- 「すずかけ」「つばさ」「インクルーシブリーダーシップ」について何か思うことはありますか。
- お子さんと本校が合っているところはどこだと思いますか。
- 本校に入ることでお子さんに何を得てほしいですか。また、それによって将来的にどのように育ってほしいですか。
- お子さんとの時間はどのように過ごしていますか。

・(母親が卒業生の場合）ご自身が通っていた当時と比べて本校が変わったと思うことは
何ですか。また、同じだと思うことは何ですか。

・(母親が卒業生の場合）お母さまがご出身ということで本校を選ばれたと思いますが、
本校は本当にお子さんに合っていると思いますか。

・(母親が卒業生の場合）奥さまの母校を受験するにあたり、父親としてどのような意見
をお持ちですか。

1

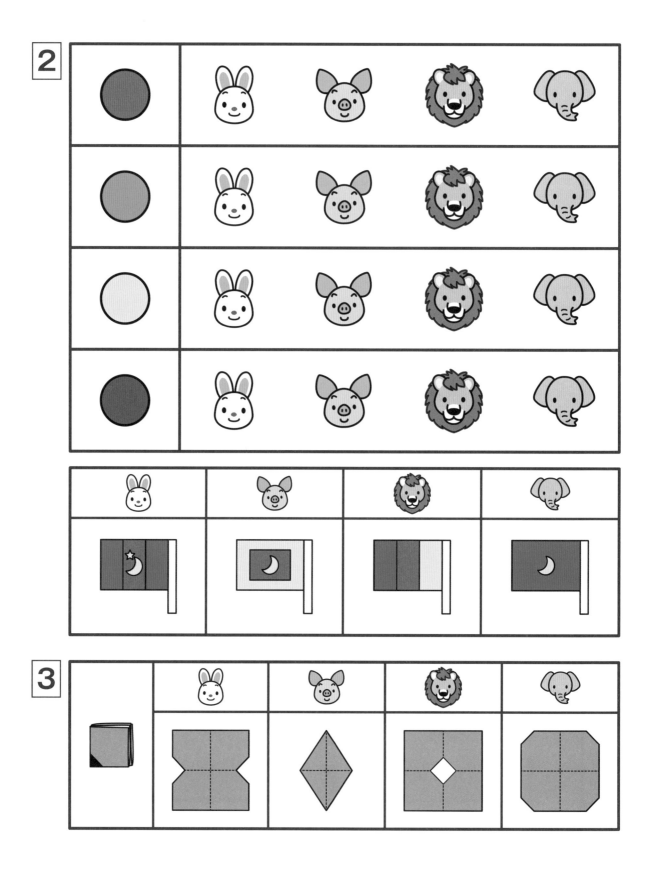

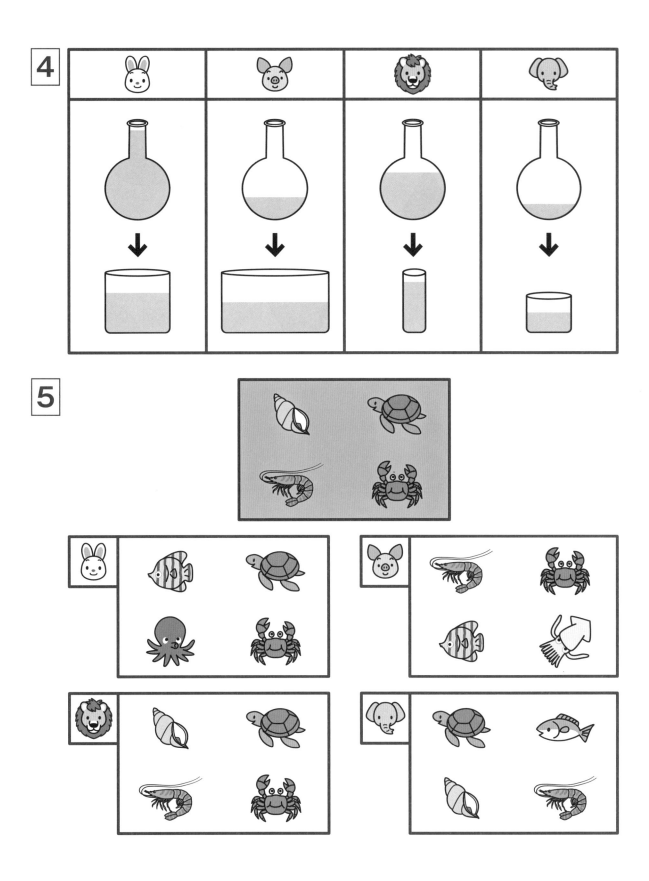

6

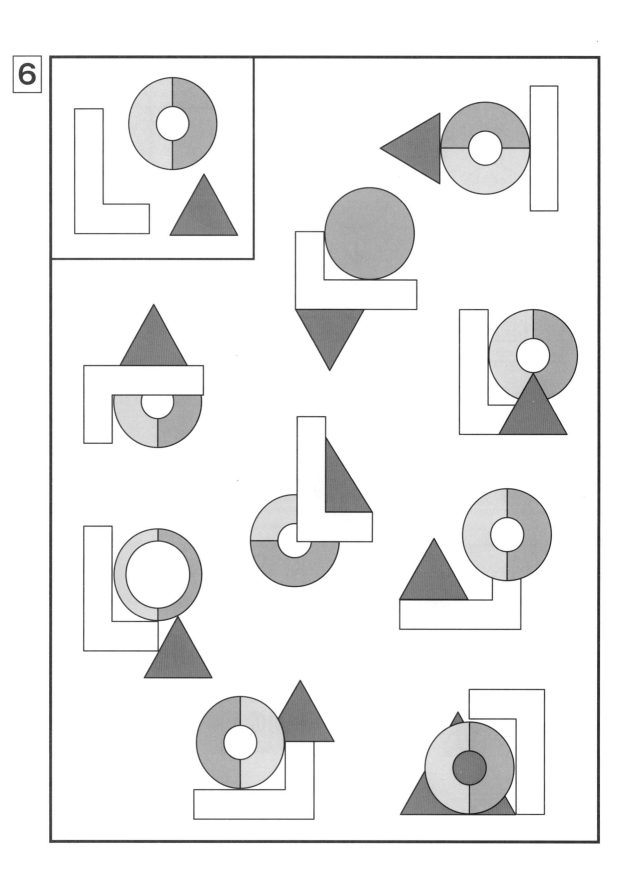

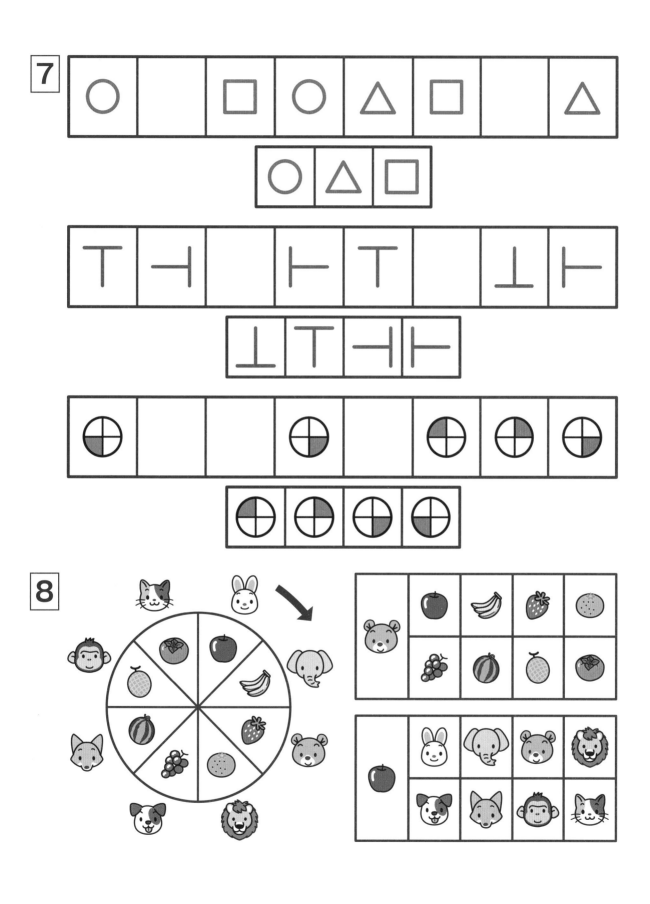

9

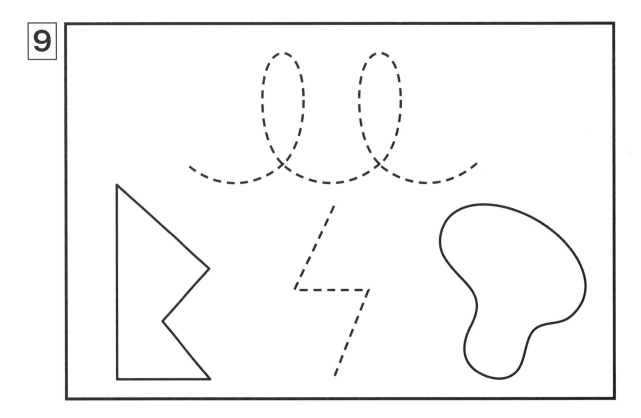

10

^{section}2017 東京女学館小学校入試問題

■ 選抜方法

一般入試…考査は1日で、2日間の考査期間中に日時を指定され、10〜20人単位でペーパーテスト、集団テスト、個別テスト、運動テストを行う。所要時間は約2時間30分。考査日前の指定日時に保護者面接がある。

ＡＯ型入試…保護者、紹介者から各1通ずつの推薦書計2通を提出する。考査は1日で、個別テスト、集団テスト、運動テストを行う。所要時間は約1時間。考査日前の指定日時に保護者面接がある。

一般入試

内容はグループによって多少異なる。

■ ペーパーテスト

筆記用具はクーピーペン（ピンク、青、緑、オレンジ色）を使用。特に色の指示がないときは青のクーピーペンを使用し、訂正方法は // （斜め2本線）。出題方法は口頭。

1 数 量

・上を見ましょう。左に赤の丸が、その右に○が3個かいてありますね。これは、真ん中の大きな四角の中に赤の丸が3個あるので、その数だけ○がかいてあるということです。では同じように真ん中の四角の中にあるものを数えて、それぞれの形の絵の下か右にある四角にその数だけ○をかきましょう。

2 観察力

・左上のお手本の形を組み合わせてできるものを見つけて、○をつけましょう。

3 話の理解

テスターが動物のペープサートや具体物、選択肢のフリップを見せながら話す。

・赤の段です。サル君がクリを5個買いました。家族で4個食べた後、隣のお家の人から3個もらいました。クリは何個残っていますか。動物たちのお話を聞いて、正しいことを言っている動物に○をつけましょう。

ウサギさんは「わたしは3個だと思うわ」と言いました。ブタ君は「僕は5個だと思うな」と言いました。ライオン君は「僕は4個だと思うよ」と言いました。ゾウ君は「6個じゃないかな」と言いました。

Ａ ピンクの段です。（テスターがマス目に動物の顔が描かれた大きな紙を見せる）お花か

らスタートして左に2つ、上に1つ、右に4つ、下に3つ進んだところにいる動物はどれですか。その動物の顔にピンクで○をつけましょう。

B 黄色の段です。（テスターが皿やコップ、スプーンの載ったお盆を持って前に立つ）先生が持っているお盆は、先生からはどのように見えるでしょうか。動物たちがそれぞれ描いた絵の中から正しいものを選んで、その絵を描いた動物に○をつけましょう。

・紫の段です。お友達のお家に遊びに行っておやつを食べていたら、ジュースをこぼしてしまいました。どうしたらよいと思いますか。動物たちのお話を聞いて、正しいことを言っている動物に○をつけましょう。
ウサギさんは「わたしは新しいジュースをくださいってお願いするわ」と言いました。ブタ君は「僕は、お友達のお家だからお友達に頼んできれいにしてもらうよ」と言いました。ライオン君は「僕はお友達のお母さんにきれいにしてもらうな」と言いました。ゾウ君は「僕はお友達のお母さんにごめんなさいって言うよ。そしてふきんを貸してもらってテーブルをふくよ」と言いました。

4 常識（仲間分け）

・この中で、ひとつだけ仲よしではないものに○をつけましょう。

集団テスト

🔹 行動観察・生活習慣

鉢巻きを頭に巻いて後ろでチョウ結びし、鉢巻きの色ごとのグループになる。

🔹 行動観察（レストランごっこ）

グループごとのテーブルと、トラの絵がついたテーブル、ウサギの絵がついたテーブルが用意されている。グループごとのテーブルの上には、ゴムでできた模擬のお寿司がたくさん置いてある。トラの絵がついたテーブルとウサギの絵がついたテーブルの上には、はし、コップ、皿が用意されている。
・トラ（またはウサギ）のテーブルから、おはし一膳と、頭に結んだ鉢巻きと同じ色のコップ、それとは違う色のお皿を1つずつ持ってきて、自分たちのグループの席に着きましょう。
・グループのみんなで、どのお寿司を食べるか相談しましょう。
・グループのみんなで、お寿司を同じ数ずつ分けましょう。
・（テスターが指示したお寿司を）1人1個とりましょう。

・（テスターが指示したお寿司を）1人2個とりましょう。

・ではお寿司は今1人何個ですか。

・みんなでお寿司を食べましょう。（食べるまねをする）

絵画（想像画）

画用紙（白）とクレヨン（グループによってピンク、水色、黄色、緑など指示される色が異なる）が用意されている。

・不思議なドアがあります。このドアを開けるとピンクの世界があります。どんな世界だと思いますか。絵に描きましょう。

親子課題（行動観察）

親子が2つのグループに分かれて行う。グループにより歌は異なる。

・リズム遊び…グループごとに親子が向かい合って座り行う。

　　　　　・「むすんでひらいて」の歌をひざをたたきながら歌う。

　　　　　・「むすんでひらいて」の歌詞の「で」と「て」のところで、手を合わせる、ほっぺをつつくなどの振りつけを各親子で考え、練習した後で全親子一緒にそれぞれの振りつけをしながら歌う。

　　　　　・「幸せなら手をたたこう」の歌詞の「手をたたこう」の部分の替え歌を各親子で相談し、その歌詞に合わせて振りつけを考える。全親子一緒にそれぞれの振りつけをしながら歌う。

・発表ごっこ…親を部屋に残して子どものみ別室へ移動し、親は親同士、子どもは子ども同士、「チューリップ」や「もりのくまさん」の歌に合わせて振りつけを考えて練習する。相談時間は約8分。その後子どもは親のいる部屋に戻り、子どもチーム→親チームの順で発表する。

個別テスト　| 3人1組で行う。

5 巧緻性

クーピーペン（青、緑、オレンジ色）が用意されている。

・好きな色のクーピーペンで点線をなぞり、緑で形を塗りましょう。

※以下は5を行っている間に呼ばれて行う。

指示の理解・位置

マス目状に仕切られた入れ物と、赤、青、黄色、ピンク、白などの四角いサイコロ状のも

のがそれぞれたくさん入った箱が用意されている。テスターの指示通りの色と数のサイコロ状のものを仕切りの中に入れる。仕切りの中にはところどころ色が塗ってある。

・下から2段目の青のマス目に赤の四角を3個入れましょう。

・上から2段目の黄色のマス目に青の四角を3個入れましょう。

・上から3段目の赤のマス目にピンクと白の四角を2個ずつ入れましょう。

・上から2段目、左から3番目のマス目にピンクの四角を3個入れましょう。

構　成

透明な正六角形の枠と、赤や紫などの正三角形のプレートがたくさん用意されている。

・枠の下半分にプレートをぴったり入れましょう。赤のプレートは全部使ってください。
　ただし赤のプレートが隣同士にならないようにしましょう。

言　語

集団テストの絵画の最中に、描いている絵について聞かれる。

・何を描いていますか。

・どうしてそれを描いたのですか。

運動テスト

体育館で行う。鉢巻きを頭に巻いて後ろでチョウ結びをする（かた結びでもよい。終了時に外し、たたんで指定されたカゴの中へ入れる）。鉢巻きと同じ色のテープのところで待つ。

模倣体操

テスターがやめるまで、テスターと同じ動きをする。

・手でグーチョキパー、パーグーチョキをする。

・足でグーチョキパー、パーグーチョキ（チョキのときに片足をあげる）をする。

・その場でジャンプ・ジャンプ・しゃがむ、ジャンプ・ジャンプ・片足バランスを行う。

持久力

鉄棒にぶら下がり、腕を曲げて、あごを鉄棒の高さまで上げて5秒間静止する。順手でも逆手でもよい。

ボール投げ

青い線から足が出ないようにして、玉入れの玉をできるだけ遠くに投げる。1人2回ずつ行う。

ボールつき

青い線から青い線まで、行きはボールをつきながら進み、帰りはボールを持ったまま走って戻り、次の人にボールを渡す。

ボール取り競争

紅白のチームに分かれて行う。中央に紅白のボールがたくさん置いてある。各チーム１人ずつ青い線からボールがある場所まで走り、自分のチームの色のボールを１つ取って戻る。ボールを自分のチームのカゴに入れたら、次の人に交代してチームの列の後ろに並ぶ。制限時間内にボールを多く取ってきたチームの勝ち。

ＡＯ型入試

個別テスト

言　語

仕切りで２つに区切られた部屋に１人ずつ順に入室し、テスターの質問に答える。仕切りの手前側での質問が終了したら、仕切りの近くで前の人が終わるのを待ち、終わったら仕切りの向こう側に移動してまた質問に答える。両方とも、テスターの前にあるフープの中に気をつけの姿勢で立ち、質問に答える。質問が発展していく場合もある。テスターはどちらも２人ずついる。

・お名前を教えてください。
・幼稚園（保育園）のお名前を教えてください。
・お家の人やお友達に何と呼ばれていますか。
・仲のよいお友達を３人教えてください。
・幼稚園（保育園）では何をして遊びますか（発展あり）。
・運動会はもう終わりましたか。運動会では何をしましたか（発展あり）。
・公園では何をして遊びますか。
・お家では何をして遊びますか（発展あり）。
・何かお手伝いしていることはありますか（発展あり）。
・お母さんの作る料理で好きなものは何ですか。
・ここまでどうやって来ましたか。
・本校に入ったら何をしたいですか。

集団テスト

🔖 巧緻性（カード作り）

魚の絵が描いてあるＢ６サイズの台紙、ビニールケースに入ったクーピーペン12色が用意されている。

・魚を好きな色のクーピーペンで塗ってください。周りに好きな絵を描いてもよいですよ。カード上部にテスターが穴を２つ開けて、ピンクか黄緑の毛糸のひもを通してくれる。

・ひもを輪にして首から下げられるように、かた結びにしてください。

🔖 集団ゲーム（ドンジャンケン）

首から下げたカードのひもの色ごとに２チームに分かれて行う。半円状の線の上をケンケンで進み、ドンジャンケンをする。負けたら「負けたよ」と言って走って列に戻り、次の人がスタートする。

▮ 運動テスト ▮

🔖 持久力

鉄棒にぶら下がり、腕を曲げて、あごを鉄棒の高さまで上げて５秒間静止する。順手で行う。

🔖 的当て

紅白のチームに分かれて行う。床に引いてある緑の線から出ないようにして、３ｍくらい離れた壁に貼ってある赤い線をめがけて自分のチームの色の玉を２回投げる。終わったら走って玉拾いに行き、カゴに戻してから列に戻る。

🔖 持久力・かけっこ

赤、青、黄色、緑、ピンクのコーンが１組ずつ、それぞれ５ｍくらい間隔をあけて向かい合うようにして置いてある。テスターから言われた色のコーンの横にそれぞれ立ち、５人一斉にスタートする。同じ色の２つのコーンの間を、コーンにタッチしながら走って往復する。テスターが「やめ」と言うまでくり返す。

🔖 ボールつき

コーンからコーンまで、ドッジボールをつきながら進む。帰りはボールを持ったまま走って戻り、次の人にボールを渡す。

保護者面接 ▐ 父親・母親ともに下記の中からいくつか質問される。

一 般 入 試

- ・志望動機をお聞かせください。
- ・本校を知ったきっかけは何ですか。
- ・本校には何回足を運ばれましたか。
- ・公開授業はいかがでしたか。
- ・運動会を見てどう感じましたか。
- ・女子校を選んだのはなぜですか。
- ・インクルーシブ・リーダーシップについてどう思いますか。
- ・「すずかけ」「つばさ」「国際理解」についてどうお考えですか。
- ・ご家庭で和の文化にふれる機会はありますか。
- ・どのようなお子さんですか。
- ・お子さんがご主人（奥さま）に似ているよいところはどこですか。
- ・お子さんはリーダータイプですか、ついていくタイプですか。
- ・お子さんはどんなことをして笑わせてくれますか。
- ・お子さんの成長を感じたことは何ですか。
- ・お子さんからもらったプレゼントで一番うれしかったものは何ですか。
- ・お子さんはお家でのお手伝いはどんなことをしていますか。
- ・最近お子さんが気に入っているおもちゃは何ですか。
- ・食事で気をつけていることはありますか。
- ・お子さんをしかったことはありますか。どんなことでしかりましたか。
- ・お父さまとお子さんとのかかわり方はどのようなものですか。
- ・子育てでこれだけは大切にしたいと思うことは何ですか。
- ・緊急時のお迎えの対応は可能ですか。
- ・小学校に入学すると帰宅が早いですが、サポートはありますか。どうされるか決めていますか。

ＡＯ型入試

推薦書、願書を見ながら、書かれた内容などについて質問をされる。返答内容から発展した質問が進む。

- ・待っている間に（本など）何かご覧になりましたか。ご感想はいかがですか。
- ・志望理由をお聞かせください。
- ・ご自身のバックグラウンドについてお聞かせください（趣味、大学の専攻教科や部活動、

現在の仕事の内容などについて）。

・数ある学校の中で本校に決めた理由を1つ挙げてください。

・本校の学校行事に参加した印象をお聞かせください。

・印象に残った行事は何ですか。それはなぜですか。そのときの教員の様子はいかがでしたか。

・お子さんの名前の由来を教えてください。

・どのようなお子さんですか。

・お子さんの長所と短所を教えてください。

・幼稚園でのお子さんの様子はいかがですか。

・「すずかけ」「つばさ」「インクルーシブ・リーダーシップ」について思うことはありますか。

・お子さんは、本校でどのようなところが一番伸びると思いますか。

・お子さんの一番伸ばしてあげたいと思うところはどこですか（カリキュラムの中で）。

・ホームステイ、タスマニア研修についてどのようにお考えですか。

・お子さんとの会話ではどのような内容が多いですか。

・お子さんが学校に入るのに一番楽しみにしていることは何ですか。

・考査日にお子さんの何を見てほしいですか。

・（母親が卒業生の場合）ご自身が通っていた当時と比べて本校が変わったと思うことは何ですか。また、同じだと思うことは何ですか。

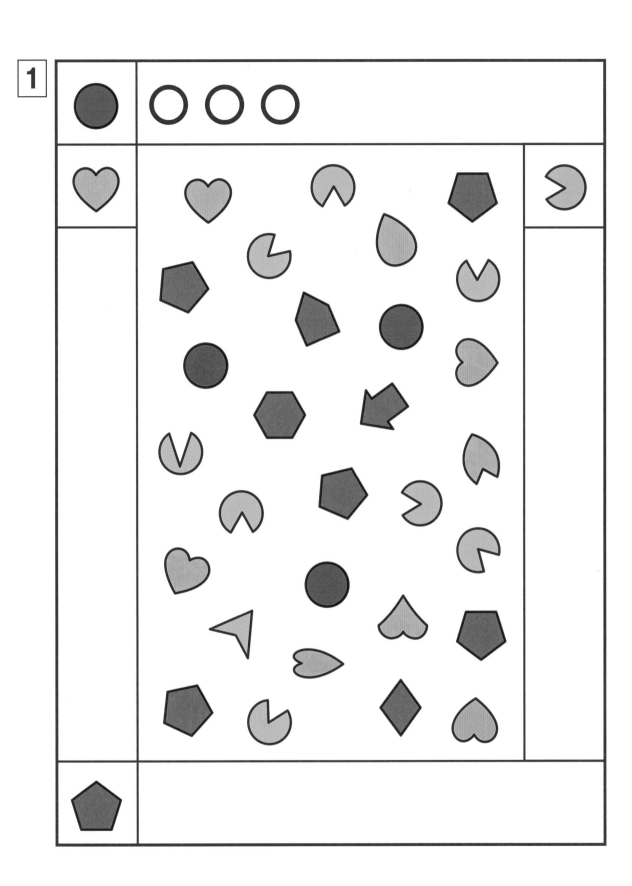

2

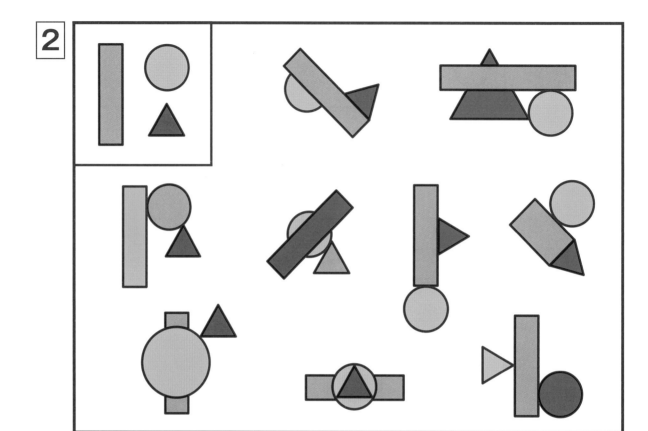

3

3
|
A

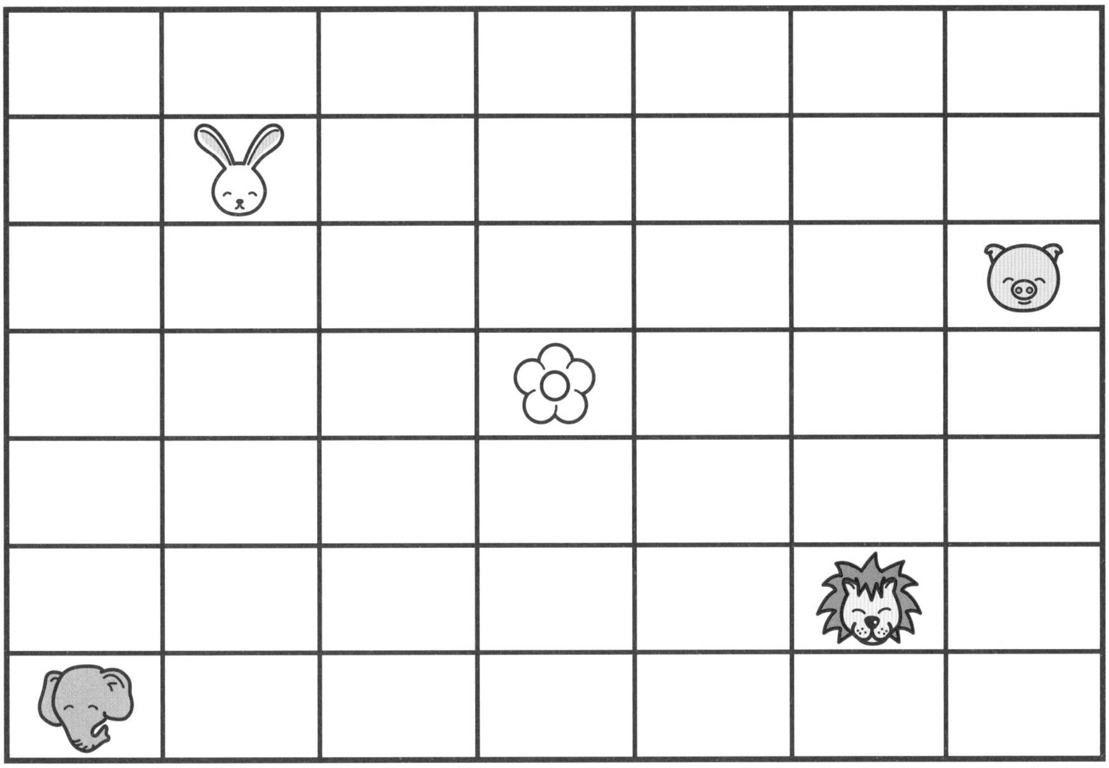

B

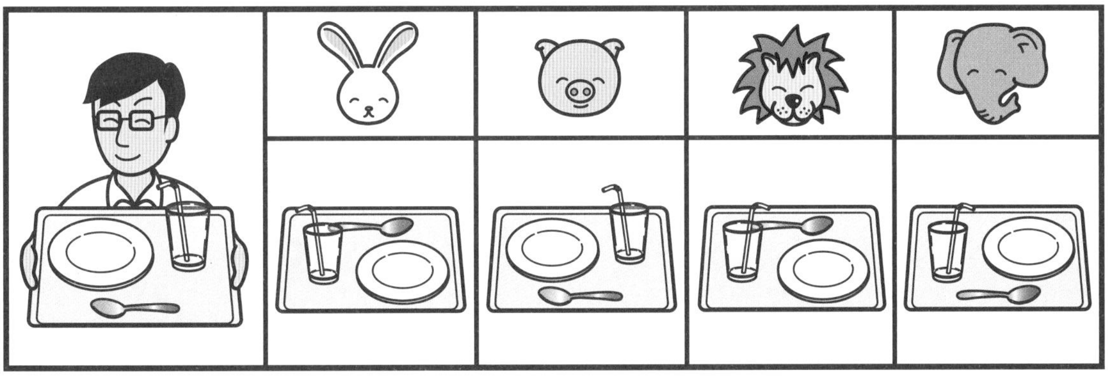

4

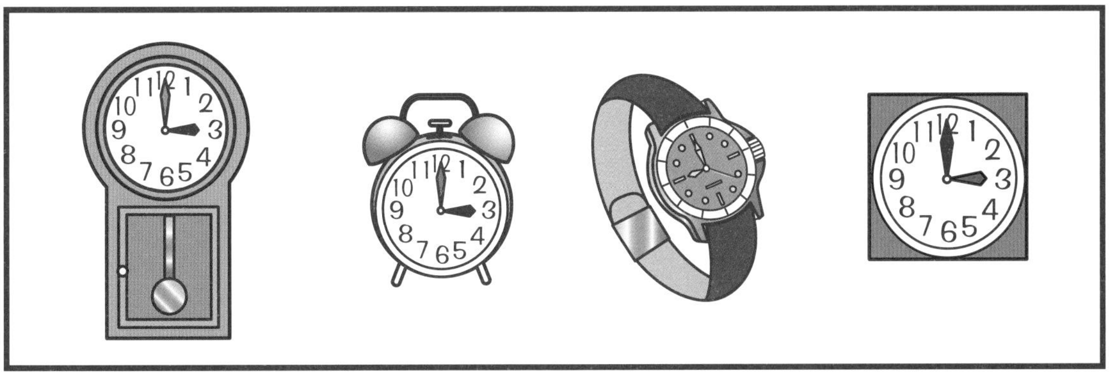

5

section 2016 東京女学館小学校入試問題

■ 選抜方法

一般入試…考査は１日で、２日間の考査期間中に日時を指定され、10〜20人単位でペーパーテスト、集団テスト、個別テスト、運動テストを行う。所要時間は約２時間30分。考査日前の指定日時に保護者面接がある。

ＡＯ型入試…保護者、紹介者から各１通ずつの推薦書計２通を提出する。考査は１日で、個別テスト、集団テスト、運動テストを行う。所要時間は約１時間。考査日前の指定日時に保護者面接がある。

┃ 一般入試 ┃

内容はグループによって多少異なる。

■ ペーパーテスト　｜　筆記用具はクーピーペン（ピンク、青、緑、オレンジ色）を使用。特に色の指示がないときは青のクーピーペンを使用し、訂正方法は //（斜め２本線）。出題方法は口頭。

1 数 量

※カラーで出題。絵の中の指示通りにそれぞれの形に色を塗ってから行ってください。

・左上を見ましょう。左に赤の丸が、その右に○が３個かいてありますね。これは、真ん中の大きな四角の中に赤の丸が３個あるので、その数だけ○がかいてあるということです。では同じように真ん中の四角の中にあるものを数えて、それぞれの形の絵の横や下にその数だけ○をかきましょう。

2 話の理解・数量

※カラーで出題。絵の中の指示通りに丸に色を塗ってから行ってください。

（テスターが動物のペープサートを見せながら質問をする）

動物たちのお話を聞いて、正しいことを言っている動物に緑のクーピーペンで○をつけましょう。

・ピンクの段です。カキが４個あります。３人の家族が１個ずつ食べました。その後、お隣のおばさんからまたカキを５個もらいました。カキは何個になりましたか。

ウサギさんは「わたしは５個だと思うわ」と言いました。ブタ君は「僕は４個だと思うな」と言いました。ライオン君は「僕は７個だと思うな」と言いました。ゾウ君は「僕は６個だと思うよ」と言いました。

・青の段です。バスに最初４人お客さんが乗っていました。バス停に着いておばあさんとおじいさんが降り、お姉さんが乗ってきました。今、バスには何人乗っていますか。

ウサギさんは「わたしは 4 人だと思うわ」と言いました。ブタ君は「僕は 5 人だと思うな」と言いました。ライオン君は「僕は 3 人だと思うな」と言いました。ゾウ君は「僕は 2 人だと思うよ」と言いました。

・オレンジ色の段です。わたしは階段を 2 段上りました。また 3 段上りました。それから 1 段下に降りました。わたしは今何段目まで来ていますか。

ウサギさんは「わたしは 6 段目だと思うわ」と言いました。ブタ君は「僕は 4 段目だと思うな」と言いました。ライオン君は「僕は 3 段目だと思うな」と言いました。ゾウ君は「僕は 8 段目だと思うよ」と言いました。

・緑の段です。家族で 1 列に並びました。お母さんは一番前で、お父さんはお母さんのすぐ後ろです。お姉さんが一番後ろで、弟はお姉さんのすぐ前に並びました。

ウサギさんは「お父さんは前から 3 番目です」と言いました。ブタ君は「お姉さんは一番前です」と言いました。ライオン君は「弟はお母さんの前です」と言いました。ゾウ君は「弟は後ろから 2 番目です」と言いました。

3 観察力

※カラーで出題。絵の中の指示通りに形に色を塗ってから行ってください。

・左上のお手本と同じものを組み合わせてできるものを見つけて、ピンクのクーピーペンで○をつけましょう。

4 推理・思考

テスターが動物の顔のペープサートと選択肢のフリップを見せながら話す。

・左のカップを上から見たらどう見えますか。ウサギ、ブタ、ライオン、ゾウ、それぞれの持っている絵から選んで○をつけましょう。

・左のスリッパを矢印の方向から見たらどのように見えますか。ウサギ、ブタ、ライオン、ゾウ、それぞれの持っている絵から選んで○をつけましょう。

・それぞれの動物のコップに水が入っています。これらのコップに同じ大きさの石を入れると 1 つだけ水があふれます。そのコップに○をつけましょう。

・コップに氷を入れた様子で正しいのはどの動物のコップですか。そのコップに○をつけましょう。

5 常識（仲間分け）

・それぞれの段で、仲よしではないものに○をつけましょう。

集団テスト

絵画（想像画）

画用紙と20色のクレヨンが用意されている。

- 不思議な扉があります。扉の向こうからコトコトと音がします（またはシュルシュル、ドスンドスン、ポコポコと音がします）。扉の向こうには何がいるのでしょう。絵に描きましょう。

巧緻性

お花紙が用意されている。

- お花紙を使ってできるだけたくさんお花を作りましょう。

行動観察・生活習慣

服（半袖、長袖）がたくさん入っているカゴと風呂敷が用意されている。カゴの中から1人2枚ずつ好きな服を選ぶ。テスターから2通りのたたみ方を指示されるので、それぞれ違うたたみ方をし風呂敷で包む。できたらテスターに見せて「いいですよ」と言われたら自由遊びのコーナーに行く。

自由遊び

ボール、コーン、大きな積み木、輪投げ、フープなどを使って、お友達や在校生と一緒に仲よく遊ぶ。

ボール取り競争

紅白のチームに分かれて行う。中央にたくさんの紅白のボールがある。自分のチームの色のボールを持ってきて、自分たちのカゴにどんどん入れる。

親子課題（行動観察）

親子が2つのグループに分かれて向かい合う形で行う。親は学童用のいすに座り、その前に子どもが立つ。

- 丸バツゲーム…テスターの後方左右に丸バツのコーナーが示されている。テスターの下記のような出題について親子で答えがマルかバツのどちらかを考えて、いずれかのコーナーへ移動する。ピアノが鳴っている間は、スキップやダンスなどを自由に行うというお約束がある。
    - 先生の昼食はサンドイッチでした。
    - 昔話の「おむすびころりん」では、おじいさんがおむすびを穴に落としましたが、それはモグラの穴でした。
    - 東京女学館小学校にはサッカークラブがあります。

・東京女学館小学校の校庭にはブランコがあります。
・ジェスチャーゲーム…Ａ4人のテスターがジェスチャーをした後に質問をするので、親子で考えて答える。

    ・カレーを調理して食べるジェスチャー→「何を食べているのでしょうか」

    ・「桃太郎」の登場人物などのジェスチャー→「何のお話でしょうか」

    Ｂ再度、テスターたちが1問目と同じジェスチャーをする。途中で目をつぶるよう指示があり、目を開けるとテスターのうち1人だけが1問目と違う動作をしている→「誰が変わったでしょうか」

・親子対抗クイズ…今度はジェスチャーゲームを親子対抗で行う。親チームはそのまま部屋に残り、子どもチームは別室へ行きジェスチャーの相談をする。相談時間は8分。テーマはテスターから与えられる（「冬にしたいこと」「夏にしたこと」など）。子どもチームはジェスチャーが決まったら部屋に戻り出題し、親チームが答える。その後、親チームが出題役になり同様に行う。

個別テスト

6 巧緻性

クーピーペンを使用する。
・好きな色のクーピーペンで点線はなぞり、形は塗りましょう。

指示の理解・位置

マス目状に仕切られた入れ物と、赤、青、黄色、緑、オレンジ色、黒などのブロックがそれぞれたくさん入った箱が用意されている。テスターの指示通りの色と数のブロックを仕切りの中に入れる。仕切りの中にはあらかじめ赤や青のブロックが入っているところがある。
・下から2段目の真ん中に緑のブロックを4個入れましょう。
・赤のブロックが2個入っているところのすぐ左に黄色のブロックを1個入れましょう。
・青のブロックを3個、赤のブロックが3個入っているところに入れましょう。
・上から2段目の右端に黄色のブロックを2個入れましょう。

指示の理解・常識

10枚程度の絵カードを渡され、指示通りに仕分けをする。グループにより絵カードや指示が異なる。

・絵カードに赤や青の色がないものは右に、あるものは左に置いてください。

・海にいる生き物と海にいない生き物の絵カードに分けましょう。

・飛ぶ生き物と飛べない生き物の絵カードに分けましょう。

言　語

集団テストの絵画の最中に、描いている絵について聞かれる。

・何を描いていますか。

・どうしてそれを描いているのですか。

運動テスト

鉢巻きを肩から斜めにかけ、かた結びをする（終了時に外し、たたんでテスターに渡す）。鉢巻きは5色。鉢巻きと同じ色のテープのところで待つ。

行　進

テスターのピアノに合わせて真っすぐ進む。

模倣体操

・両腕を左右にグルグル回す。

・手をひざに置いてひざの曲げ伸ばしをする。

ボール投げ

テニスボールくらいの大きさのボールが入っている小さなカゴが1人分ずつ用意されている。青いテープから足が出ないようにしてできるだけ遠くにボールを投げる。鉢巻きが同じ色のグループ全員が一斉に、1人2個ずつ投げる。

持久力

鉄棒にぶら下がり、腕を曲げて、あごを鉄棒の高さまで上げて5秒間静止する。順手でも逆手でもよい。

AO型入試

個別テスト

言　語

仕切りで2つに区切られた部屋に1人ずつ順に入室し、テスターの質問に答える。仕切りの手前側での質問が終了したら、仕切りの近くで前の人が終わるのを待ち、終わったら仕切りの向こう側に移動してまた質問に答える。両方とも、テスターの前にあるフープの中に気をつけの姿勢で立ち、質問に答える。質問が発展していく場合もある。テスターはどちらも2人ずついる。

・お名前を教えてください。
・幼稚園（保育園）の名前を教えてください。
・仲のよいお友達を2人教えてください。
・幼稚園（保育園）では何をして遊びますか（発展あり）。
・今興味があることは何ですか。
・頑張っていることは何ですか。
・幼稚園（保育園）の先生は優しいですか。
・幼稚園（保育園）の先生が怒ることはありますか。
・お父さんやお母さんにしかられることはありますか。それはどのようなときですか。
・お父さんといつも何をして遊びますか。
・お母さんとはお家で何をしますか（「お料理」と答えたら「何を作りますか」など、発展あり）。
・大事にしているものは何ですか。どうしてそれが大事なのですか。
・お家で何かお手伝いをしていますか。

集団テスト

■ 巧緻性

ビニールケース入りのクーピーペンを使用。5×10cmくらいの大きさのカードに、色の塗っていないチョウチョが描いてある。カードにはピンクか黄緑のひもがついている。
・チョウチョを好きな色のクーピーペンで塗ってください。
・ひもを輪にして首にかけられるように、かた結びにしましょう。

■ 集団ゲーム（ドンジャンケン）

巧緻性の課題で使ったカードについていたひもの色ごとに、2チームに分かれて行う。クネクネした道を歩いてドンジャンケンをする。負けたら「負けたよ」と言って走って列に戻り、次の人がスタートする。

運動テスト

持久力

鉄棒にぶら下がり、腕を曲げて、あごを鉄棒の高さまで上げて5秒間静止する。順手でも逆手でもよい。

的当て

テニスボールくらいの大きさの紅白のボールが用意されている。壁に赤、青、黄色の丸い的が貼ってあり、その的をめがけて3mくらい離れたところからボールを2回投げる（色の指示はない）。どの的に当ててもよい。

連続運動

壁と壁の間に、向かい合うようにして赤、青、黄色、白、ピンクのコーンがそれぞれ1組ずつ置いてある。向かい合うコーンの中間を横切るように緑のラインが引いてある。
・テスターが指示した色のコーンの横に立つ→向かい側の自分の色のコーンに向かって走り、タッチする→コーンの向こう側にある壁際に並んで全員が終わるのを待つ→スキップで手前のコーンまで戻る→コーンとコーンの間にある緑のラインのところまでクマ歩きをする→スタート位置のコーンまで歩いて戻る。

保護者面接 ▌父親、母親ともに下記の中からいくつか質問される。

一般入試

・本校を知ったきっかけと志望理由をお聞かせください。
・本校には何回足を運ばれましたか。
・公開授業はいかがでしたか。そのときの印象はどうでしたか。
・本校の「ミッションステートメント」についてどうお考えですか。
・本校独自のカリキュラムである「すずかけ」「つばさ」「国際理解」についてどうお考えですか。
・お仕事を通して現在の経済について気になることは何ですか。
・お子さんはどのようなお子さんですか。それはご両親のどちらに似ていますか。
・お子さんの短所を教えてください。
・お子さんの名前の由来を教えてください。
・どのようなことに気をつけてしつけをしていますか。
・お子さんにはどのような女性に成長してほしいですか。
・子育てをしていて最近感動したことは何ですか。
・お子さんの得意なお手伝いは何ですか。

2023
2022
2021
2020
2019
2018
2017
2016
2015
2014

・お子さんの好きな食べ物は何ですか。好き嫌いはありますか。
・緊急時のお迎えの対応は可能ですか。
・お父さまとお子さんとのかかわり方はどのようなものですか。
・お子さんと接するとき注意していることはありますか。
・お父さまにとって「家庭」とは何ですか。
・この夏休みにご家族でどこかへ行きましたか。

ＡＯ型入試

推薦書を見ながら、書かれた内容などについて質問をされる。返答内容から発展した質問が進む。

・お待ちになっていた間に本校の資料をご覧になりましたか。ご感想を教えてください。
・志望理由をお聞かせください。
・数ある私立小学校の中で本校に決めた理由を１つ挙げてください。
・本校の学校行事に参加した印象をお聞かせください。
・お子さんの名前の由来を教えてください。
・お子さんはどのような性格ですか。
・お子さんとお友達とのかかわりはいかがですか。
・最近どのようなことでお子さんの成長を感じましたか。
・本校独自のカリキュラムとして「すずかけ」「つばさ」などがありますが、どれを学ばせたいですか。
・「すずかけ」についてどのようにお考えですか。
・ご家庭で和の教育について何か心掛けていることはありますか。
・「インクルーシブ・リーダーシップ」についてお考えをお聞かせください。
・お子さんが本校に合っていると思うところはどのようなところですか。
・お子さんとの会話はどのような話題が多いですか。
・小学校進学にあたりお子さんが一番楽しみにしていることは何ですか。
・お子さんのどのようなところを一番伸ばしてあげたいと思いますか。

1

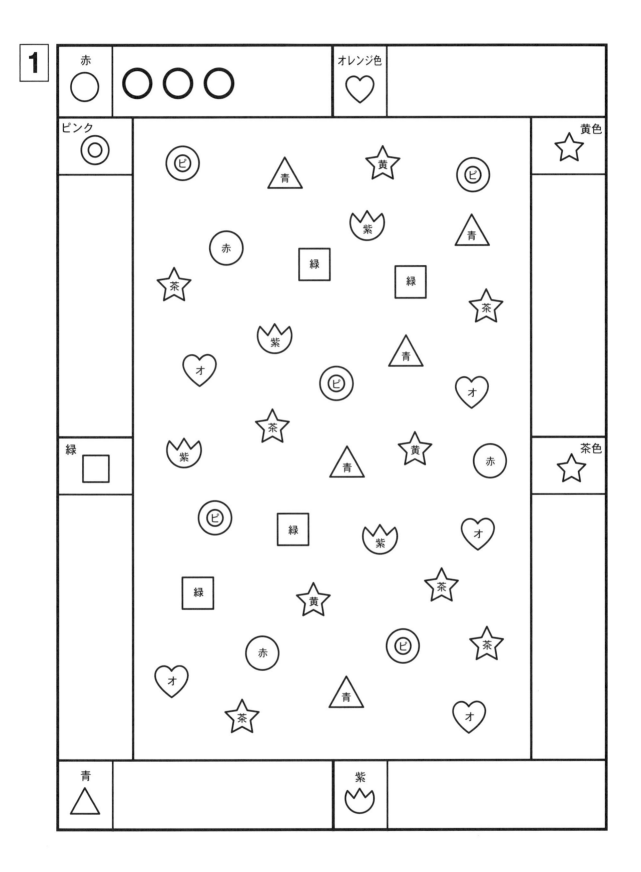

2

3

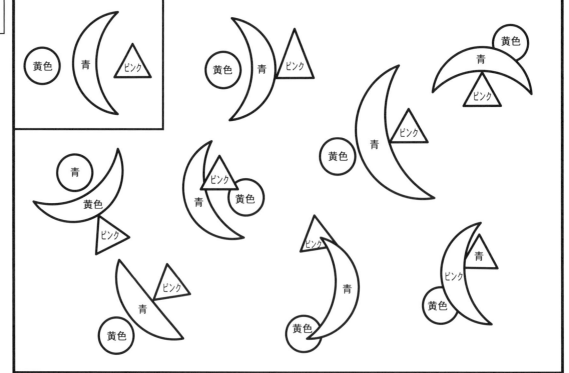

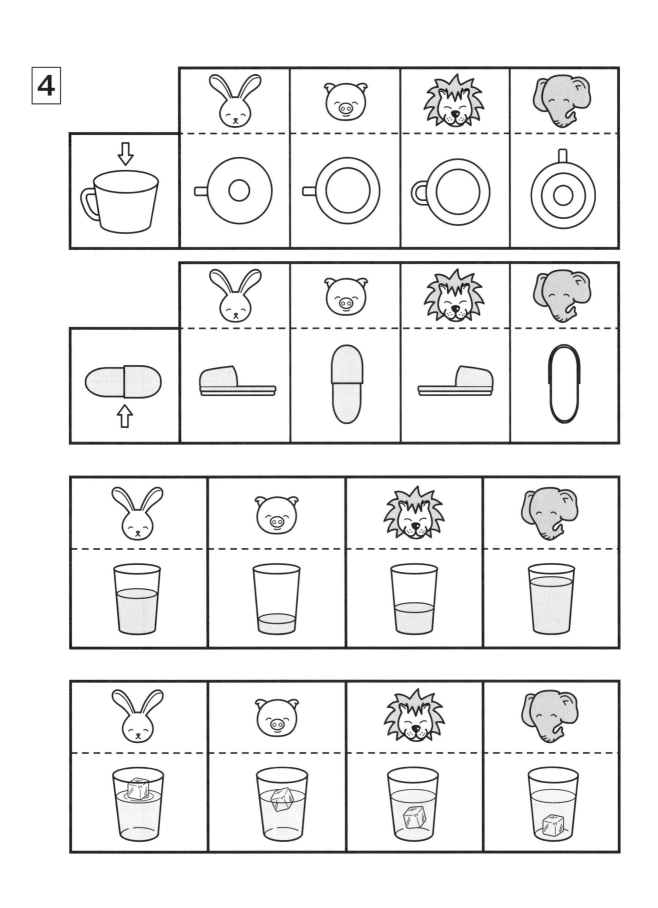

5

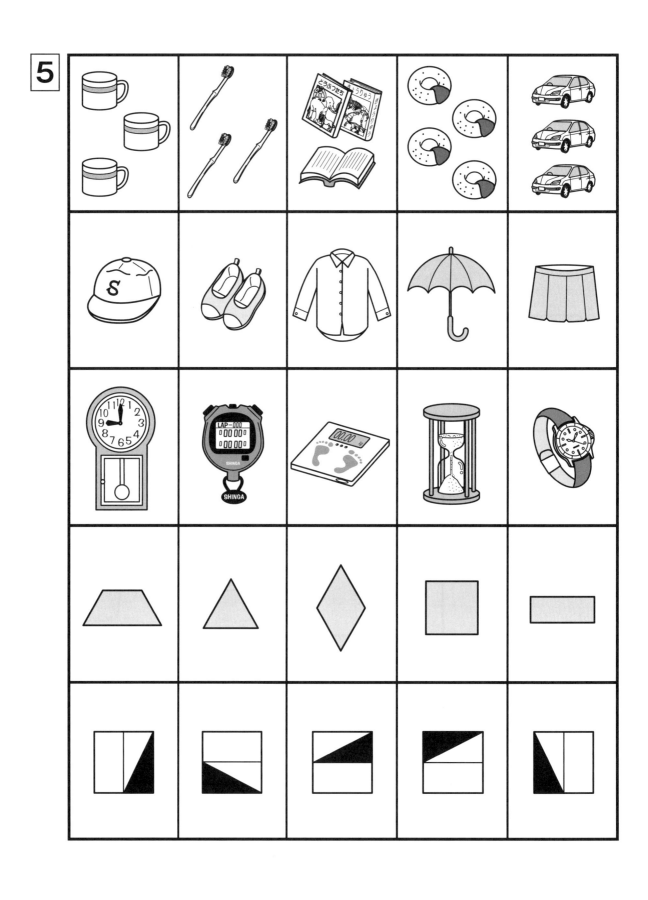

6

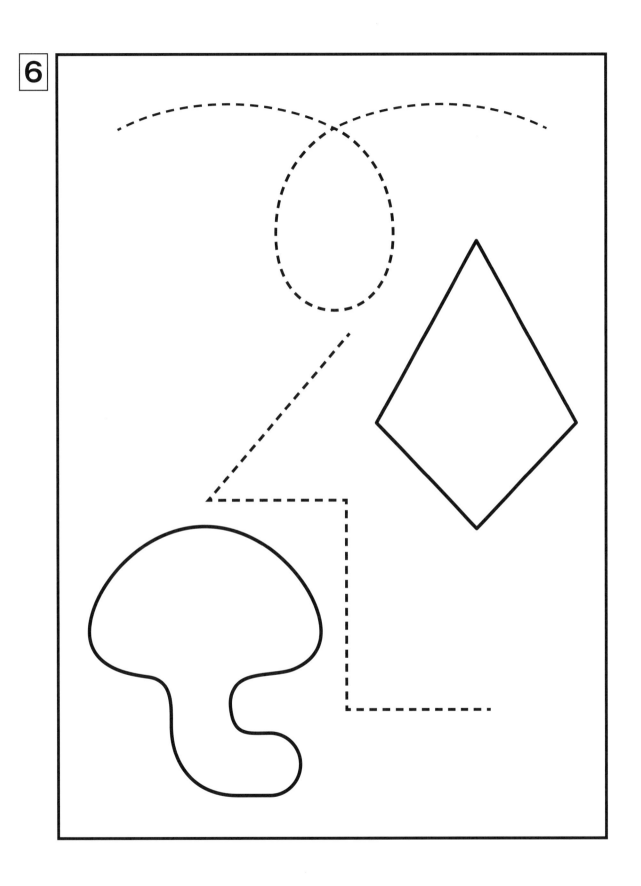

2015　東京女学館小学校入試問題

■ 選抜方法

一般入試…考査は１日で、２日間の考査期間中に日時を指定され、15～20人単位でペーパーテスト、集団テスト、個別テスト、運動テストを行う。所要時間は約２時間30分。考査日前の指定日時に保護者面接がある。
　ＡＯ型入試…保護者、紹介者から各１通ずつの推薦書計２通を提出する。考査は１日で、個別テスト、集団テスト、運動テストを行う。所要時間は約１時間。考査日前の指定日時に保護者面接がある。

一 般 入 試

内容はグループによって多少異なる。

┃ ペーパーテスト

筆記用具はクーピーペン（ピンク、青、緑、オレンジ色）を使用。特に色の指示がないときは青のクーピーペンを使用し、訂正方法は //（斜め２本線）。出題方法は口頭。

1　数　量

・真ん中の四角の中にあるものを数えて、それぞれの絵がある四角にその数だけ、緑のクーピーペンで○をかきましょう。

2　話の理解・数量・常識

動物たちのお話を聞いて、正しいことを言っている動物に○、間違っている動物に×をつけましょう。お話の途中でも、わかったら印をつけてもいいですよ。
・１段目です。
ライオンさんは「風船を４個持っていて、２個割れてしまったから、今は２個になったよ」と言いました。ゾウさんは「風船を２個もらったよ。もう１個買ったら３個になるよ」と言いました。ブタさんは「風船を７個持っていて、５個割れてしまったから、今は３個になったよ」と言いました。ウサギさんは「風船を10個持っていて、４個割れてしまったから、今は５個になったよ」と言いました。
・２段目です。
ライオンさんは「アメを３つ持っていたよ。２つ食べたから、今は２つ残っているよ」と言いました。ゾウさんは「アメを４つ持っていたよ。弟に２つあげたから、今は１つだよ」と言いました。ブタさんは「アメを３つ持っていたよ。２つ食べたから、残りは１つだよ」と言いました。ウサギさんは「アメを１つ持っていたよ。３つもらったから４つになったよ」と言いました。

・3段目です。

ライオンさんは「風船を3個持っていて、1個なくなったから3個になったよ」と言いました。ゾウさんは「風船を10個持っていて、5個割れてしまったから5個になったよ」と言いました。ブタさんは「風船を4個持っていて、1個割れてしまったから2個になったよ」と言いました。ウサギさんは「風船を4個持っていて、2個もらったから7個になったよ」と言いました。

・4段目です。

ライオンさんは「フライパンはお料理のときに使うんだよ」と言いました。ゾウさんは「お鍋はお洗濯のときに使うんだよ」と言いました。ブタさんは「おたまはごはんを食べるときに使うんだよ」と言いました。ウサギさんは「ほうきはお掃除のときに使うんだよ」と言いました。

③ 模 写

※カラーで出題。それぞれの形に色を塗ってから行ってください。

・左上のお手本の絵を見て、四角の中の形の足りないところをお手本と同じ色のクーピーペンでかき足しましょう。

④ 巧緻性

・好きな色のクーピーペンで、上2つの四角の中の点線をなぞりましょう。
・好きな色のクーピーペンを3色選び、下の四角の中の形を好きなように塗りましょう。

▌ 集団テスト ▌

絵画（想像画）

画用紙と20色のクレヨンが用意されている。

・あなたは、お花がいっぱい咲いていて、動物がたくさんすんでいる南の島に行きました。あなたはそこでどんなことをしているか描きましょう。
・あなたが空にいたらどんなことをしたいですか。その様子を描いてください。

行動観察・生活習慣

4人ずつのグループに分かれて、腰に色つきの鉢巻きを結んでから行う。机が4つ向かい合わせになっており、そこに座る。お盆、さまざまな色の紙コップと紙皿、フォーク、スプーン、ぞうきんと水の入ったバケツが離れたところに用意されていて、その後ろに干し場所がある。

・バケツの水でぞうきんをすすいで絞ってから自分の机をふき、終わったら、バケツの水

ですすぎ、よく絞ってぞうきんを干し場所にかけましょう。

・腰に結んだ鉢巻きと同じ色の紙コップと紙皿、好きな色のフォークとスプーンをお盆に載せて持ってきましょう。

・持ってきた紙コップと紙皿、フォーク、スプーンを机の上に並べて、食事の準備をしましょう。

・グループのみんなで「いただきます」をしましょう。

・（食べるまねをして）食べ終わったら「ごちそうさま」をして片づけましょう。

親子課題（行動観察）

約5組のグループで行う。グループによりテーマは異なる。

・手遊び…「むすんでひらいて」の歌詞の「で」と「て」のところで、親子で手を合わせたりほっぺをつつくなどの振りつけを考え、練習した後で発表する。

・ジェスチャーゲーム…Ａ子どものみ別室へ移動し、テスターより指示された職業（お寿司屋さん、キャビンアテンダント、バスの運転士など）をグループのお友達と一緒に、動きのみで表現するように相談して練習をする。その後親が待機している部屋に戻り、親たちの前で発表する。親は親同士で相談し、子どもたちが何の動きをしているのかを当てる。

Ｂ子どものみ別室へ移動し、グループのお友達と一緒に、しりとりを動きのみで表現するようテスターから指示され、相談して練習をする。その後親が待機している部屋に戻り、親たちの前で発表する。親は親同士で相談し、子どもたちが何の動きをしているのかを当てる。

個別テスト

巧緻性

円状の平らな積み木（黄色、緑が4個ずつ）が用意されている。

・積み木を黄色、緑、黄色、緑の順に重ねていきましょう。

おはじき（黄色2個、青、赤、緑が各1個ずつ）とお手本が用意されている。

・おはじきを使ってお手本通りにお花を作りましょう。

指示の理解

トランプが20枚くらい用意されている。

・トランプを赤と黒の色ごとに分けましょう。

左側にトランプの4、少し離れた右側にトランプの5が置いてある。

・4の左側には数がどんどん小さくなるように、5の右側には数がどんどん大きくなるようにトランプを並べましょう。

数 量

・（5個のおはじきを見せて）あと何個あれば8個になりますか。その数だけ机の上のおはじきを手に握って見せてください。

構 成

三角カードが8枚ある。

・カード4枚を使って作る三角を2つ作りましょう。

言 語

集団テストの行動観察・生活習慣の間に、回ってきたテスターに聞かれる。

・このお皿に何がのっていたらいいと思いますか。

・このコップの中には何が入っていたらうれしいですか。

運動テスト

鉢巻きを腰に結んでから行う。

模倣体操

・手を前に出してグーチョキパーをする（手を上、横に出してグーチョキパーをする）。

・手を横に広げて、足でグーチョキパーをする。

持久力

鉄棒にぶら下がり、腕を曲げて、あごを鉄棒の高さまで上げて5秒間静止する。

ボール投げ

テニスボールくらいの大きさのボールをできるだけ遠くに投げる。

ボールつき・スキップ

ドッジボールをつきながらコーンまで行って回り、帰りはボールを手に持ったままスキップで戻ってくる。

ボールリレー

2015

縦1列に並び、足を広げる。先頭の子からドッジボールを足の間を転がして次のお友達に送っていき、最後尾の子はキャッチしたら、前方のコーンまで走っていき、コーンを回って先頭へつく。列のみんなは1歩下がってスペースを空けて待つ。それをくり返し行う。

個別テスト

言　語

2つの面接室に1人ずつ順に入室し、テスターの質問に答える。質問が発展していく場合もある。
・お名前と幼稚園（保育園）の名前を教えてください。
・幼稚園（保育園）の先生の名前を教えてください。
・幼稚園（保育園）のお友達の名前を教えてください。
・朝ごはんは何を食べてきましたか。
・お家では何と呼ばれていますか。
・好きな食べ物、料理は何ですか。
・今日、学校までどんな乗り物に乗ってきましたか。
・好きなことは何ですか。
・今、夢中になっていることは何ですか。
・ラジオ体操をやってみてください。
・大きくなったら何になりたいですか。

集団テスト

集団ゲーム（ドンジャンケン）

クネクネした道を歩いてドンジャンケンをする。負けたら走って列に戻り、「負けたよ」とお友達に伝えて、次の人がスタートする。

身体表現

太鼓のリズムに合わせてスキップや行進をし、合図があったらアヒルなど好きな生き物になって歩く。

▌ 運動テスト

🔲 連続運動

鉄棒にぶら下がり、腕を曲げてあごを鉄棒の高さまで上げて 5 秒間静止する→走ってコーンにタッチし、定位置に並ぶ。

🔲 クマ歩き

ラインの上をクマ歩きする。

🔲 ボールつき・的当て

・ドッジボールをつきながらコーンを回って帰ってくる。
・小さなボールを的に当てる。

▌ 保護者面接 ▌ 父親・母親ともに下記の中からいくつか質問される。

一般入試

・志望理由をお聞かせください。
・説明会には何回来られましたか。
・運動会、公開授業、バザーには来られましたか。
・「すずかけ」「つばさ」「国際理解」についてどのように思われますか。
・「インクルーシブ・リーダーシップ」についてどうお考えですか。
・どんな性格のお子さんですか。それはご両親のどちらに似ましたか。
・お子さんの成長を感じられたことを教えてください。
・しつけについてお話しください。
・最近、旅行に行かれましたか。
・ご家庭の教育方針は何ですか。それを踏まえて日々どう対応していますか。

AO型入試

推薦書を見ながら、書かれた内容について質問をされる。
・（保護者の）自己紹介をしてください。
・国立校や数ある私学の中から本校を選んだ理由をお聞かせください。
・受験はいつごろから考えていましたか。
・学校説明会には参加しましたか。印象を教えてください。

・本校でお子さんにどのようなことを学んでほしいですか。

・ご家庭の教育方針を教えてください。

・どのようなお子さんですか。

・お子さんの長所、短所を教えてください。

・お母さまとお子さんが似ているところはどんなところですか。

・お子さんは今何に興味を持っていますか。

・「すずかけ」の授業の取り組み方についてどう思われますか。

1

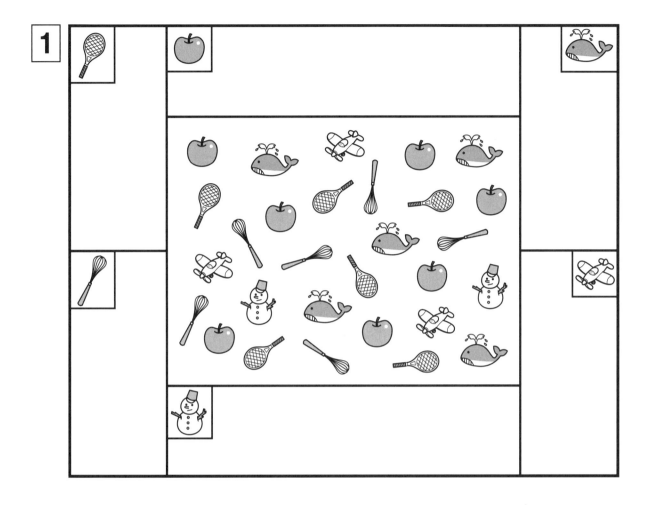

2

3

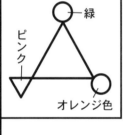
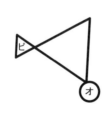
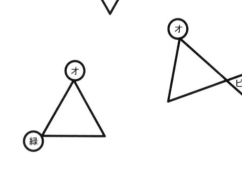
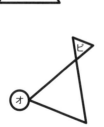
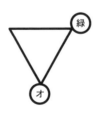

4

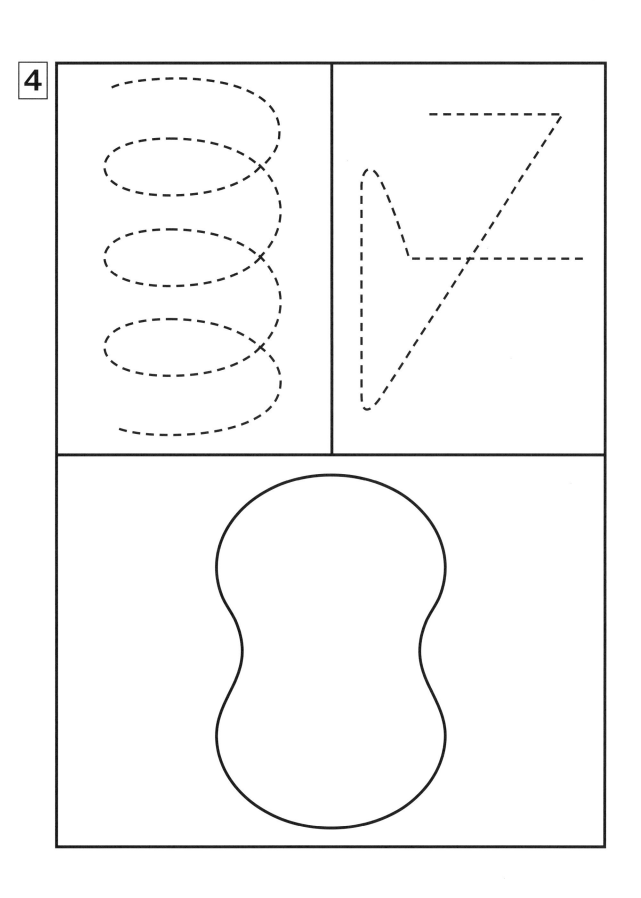

2014 東京女学館小学校入試問題

■ 選抜方法

　一般入試…考査は1日で、2日間の考査期間中に日時を指定され、15〜20人単位でペーパーテスト、集団テスト、個別テスト、運動テストを行う。所要時間は約2時間30分。考査日前の指定日時に保護者面接がある。
　ＡＯ型入試…保護者、紹介者から各1通ずつの推薦書計2通を提出する。考査は1日で、個別テスト、集団テスト、運動テストを行う。所要時間は約1時間。考査日前の指定日時に保護者面接がある。

一 般 入 試

内容はグループによって多少異なる。

ペーパーテスト	筆記用具はクーピーペン（ピンク、青、緑、オレンジ色、黄色）を使用。特に色の指示がないときは青のクーピーペンを使用し、訂正方法は//（斜め2本線）。出題方法は口頭。

1 数　量

・真ん中の四角の中にあるものを数えて、それぞれの絵がある四角にその数だけ○をかきましょう。

2 話の理解・数量・常識

※カラーで出題。絵の中の指示通りに丸に色を塗ってから行ってください。

お話を聞いて動物を選び、それぞれの段の左端の色のクーピーペンで○をつけましょう。

・緑の段です。ウサギさんが言いました。「ドングリを3個拾ったよ。1個落として2個になったよ」。ライオンさんが言いました。「3個拾って、2個落としたから5個になったよ」。ブタさんが言いました。「4個持っていて、2個落としたから3個だよ」。ゾウさんが言いました。「ドングリを5個拾って2個落としたから2個だよ」。ドングリの数が合っている動物に○をつけましょう。

・オレンジ色の段です。ウサギさんが言いました。「花火ってきれいね」。ライオンさんが言いました。「クリスマスプレゼントは何かな？」。ブタさんが言いました。「夏は暑いね」。ゾウさんが言いました。「日焼けして肌が真っ黒だ！」。1匹だけ違う季節のお話をしている動物に○をつけましょう。

・青の段です。ウサギさんが言いました。「お家の中でたこ揚げをしよう」。ライオンさんが言いました。「風邪を引いていても外でかけっこをすると元気になるよ」。ブタさんが言いました。「外は寒いからお家でスイカ割りをしよう」。ゾウさんが言いました。「お

正月はお家でかるたをしよう」。正しいことを言っている動物に○をつけましょう。

・ピンクの段です。女の子が折り紙を真四角になるように2回半分に折りました。ウサギさんが言いました。「折り紙を広げると四角が2個できると思うよ」。ライオンさんが言いました。「四角が4個できると思うよ」。ブタさんが言いました。「三角が2個できると思うよ」。ゾウさんが言いました。「三角が4個できると思うよ」。正しいことを言っている動物に○をつけましょう。

・黄色の段です。ウサギさんが言いました。「ハーモニカは指でひいて音を出すんだよ」。ライオンさんが言いました。「バイオリンは吹いて音を出すんだよ」。ブタさんが言いました。「ピアノは棒でたたいて音を出すんだよ」。ゾウさんが言いました。「タンバリンは手でたたいて音を出すんだよ」。正しいことを言っている動物に○をつけましょう。

3 模写・推理・思考

※カラーで出題。絵の中の指示通りにそれぞれの形に色を塗ってから行ってください。

・左上のお手本の串にささった絵を見て、四角の中の串の足りないところにその色のクーピーペンでお手本と同じになるように形をかきましょう。

4 推理・思考（四方図）

・動物たちが机の上の積み木をそれぞれの向きから見ています。下の絵の中でクマから見た様子の絵に○、ネズミから見た様子の絵に△をつけましょう。

集団テスト

絵画（課題画）

画用紙と16色のクレヨンが用意されている。

・一度も食べたことのないものの絵を描きましょう。

・大人になったらなりたいものの絵を描きましょう。

行動観察

グループのお友達と「オニごっこ」や「だるまさんがころんだ」など何をするか相談して遊ぶ。

行動観察・生活習慣

各自、1つの入れ物の中からTシャツ1枚、タオル1枚、靴下1足を持ってきて、グループごとに決められた場所でそれぞれのものをたたむ。グループで好きな色のカゴを持ってきて、その中に入れる。

◼ 親子課題（行動観察）

約5組のグループで行う。

- ・ダンス…子どもがテスターから教えてもらった踊りを親に説明し、ピアノに合わせて親子一緒に踊る。
- ・ジェスチャーゲーム…子どもが別室に移動し、テスターからお話しされた内容の動作をグループのお友達と一緒に親の前で行う。親は親同士で相談し、子どもが何の動きをしているのかを当てる。お話の内容は、「運動会で赤組と白組が綱引きをして、白組がしりもちをついてしまい赤組が勝った。負けた白組はくやし泣きをし、勝った赤組ははしゃいで喜んでいる」というもの。

▌ 個別テスト ▌

⎯⎯⎯⎯⎯⎯⎯⎯⎯⎯⎯⎯⎯⎯⎯⎯⎯⎯⎯⎯⎯⎯⎯⎯⎯⎯⎯⎯⎯⎯⎯

5 常識（仲間探し）

10枚の絵カードがある。

- ・このカードのものを2つずつの仲間にしてください。できるだけたくさん作りましょう。

6 巧緻性

好きな色のクーピーペンでよいとの指示がある。

- ・左の点線をクーピーペンでなぞりましょう。
- ・右の形の中をクーピーペンで塗りましょう。

7 指示行動・記憶・構成

2、3人ずつで同時に机の上で行う。黒い楕円の台紙、輪ゴム（色違いで5本）、三角のプレート（黄緑）4枚、正方形の白いプレート2枚、正方形のプレート（表が緑で裏が赤）1枚、赤の細長い四角プレート1枚、青の細長い四角プレート10枚が用意されている。また、おはじきが10個箱の中に入っている。

- ・今から先生の言う通りに箱の中のものを選んで左から並べましょう。赤の長四角、青の長四角、黄色の丸、緑の丸。
- ・おはじきの緑5個、黄色2個を箱から出しましょう。箱に残ったおはじきの数だけ手をたたきましょう。
- ・（花の絵を見せた後、隠す）今見た絵にあったお花の数だけおはじきを置きましょう。
- ・（左のお手本を見せた後、隠す）今見たお手本と同じになるように、黒い楕円の台紙の上に形を置きましょう。

巧緻性

- 7の青の細長い四角プレートを3枚ずつ洗濯ばさみで挟んでください。できるだけたくさん作りましょう。

言　語

課題画の間に回ってきたテスターの質問に答える。
- 何を描いているのですか。

運動テスト

鉢巻きを腰に結んでから行う。

模倣体操

手を前に出してグーチョキパーをする（手を上、横に出して同じようにグーチョキパーをする）。足ジャンケンをする。

スキップ・ケンケン・クマ歩き

スキップやケンケン、クマ歩きなどの指示された動きで、コーンの周りを1周して戻ってくる。

ボール投げ

紅白のボールを1人2つずつ遠くまで投げる。

持久力

鉄棒にぶら下がり、腕を曲げて、あごを鉄棒の高さまで上げ、5秒間静止する。

AO型入試

個別テスト

言　語

2つの面接室に1人ずつ順に入室し、テスターの質問に答える。質問が発展していく場合もある。
- お名前と幼稚園（保育園）の名前を教えてください。
- 誰と来ましたか。

・今日はどうやって来ましたか。
・好きな遊びは何ですか。
・朝ごはんは何を食べましたか。
・朝は何時に起きますか。
・妹、弟の面倒はみますか。

集団テスト

集団ゲーム

・ドンジャンケン…クネクネとした道を歩いてドンジャンケンをする。負けたら走って列に戻り、「負けたよ」とお友達に伝えて、次の人がスタートする。
・クマさんゲーム…その場で「クマさん右向いて、左向いて、座って」などの指示通りに行動する。「クマさん」と言われなければじっとしている。

身体表現

・太鼓のリズムに合わせて、クマ、アヒルなどの指示された動物や好きな動物になって歩く。
・太鼓に合わせて、合図があるまで体育館を自由にスキップする。

運動テスト

連続運動

鉄棒にぶら下がり、腕を曲げて、あごを鉄棒の高さまで上げ、5秒間静止する→紅白のボールで的当てをする→ドッジボールを足に挟んでピョンピョンと跳びながら進み、ゴールする。

保護者面接

父親・母親ともに下記の中からいくつか質問される。

一般入試

・志望理由をお聞かせください。
・本校を知ったきっかけは何ですか。
・本校に何回いらっしゃいましたか。
・お子さんとはどのようなコミュニケーションをとっていますか。

・お子さんの性格でご両親に似ているところはどこですか。

・お子さんの長所と短所を1つずつお話しください。

・子育てをしていて大切にしてきたことは何ですか。

ＡＯ型入試

推薦書を見ながら、書かれた内容について質問をされる。

・本校の印象はいかがですか。

・公開授業の印象はいかがでしたか。

・幼稚園（保育園）の先生にはお子さんはどのように言われていますか。

・お手伝いは何をさせていますか。

・どんなご主人（奥さま）ですか。

・どんなお子さんですか。

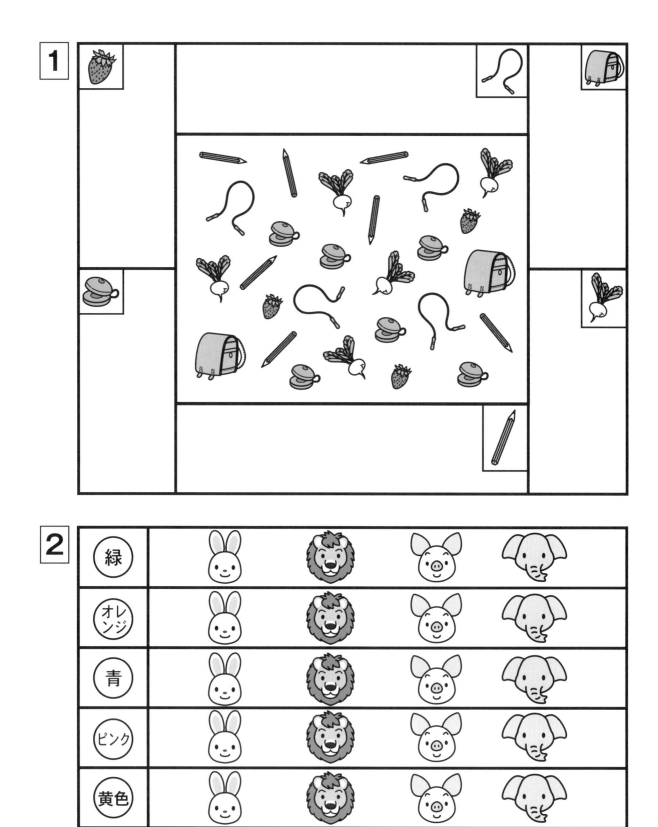

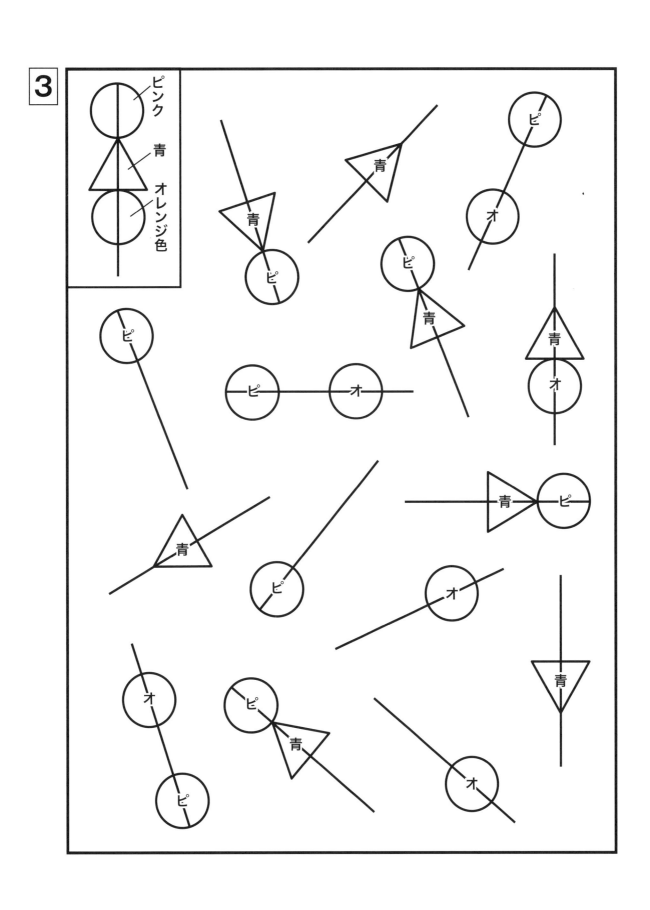

6

7

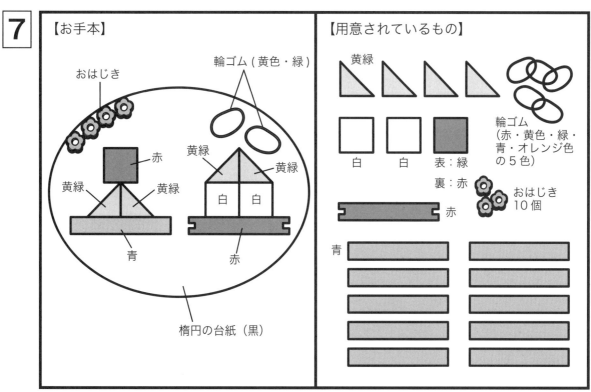

東京女学館小学校
入試シミュレーション

東京女学館小学校入試シミュレーション

1 推理・思考（あみだくじ）

動物たちがあみだくじでおやつの果物を決めることになりました。
- リンゴがもらえる動物の顔に〇をつけましょう。
- ミカンがもらえる動物の顔に△をつけましょう。
- モモがもらえる動物の顔に□をつけましょう。
- クリがもらえる動物の顔に✕をつけましょう。
- ブドウがもらえる動物の顔に◎をつけましょう。
- リスがクリのところへ着くように、1本だけ横線をかき足しましょう。

2 推理・思考（条件迷路）

- 左上の矢印の入口から青いクーピーペンで道の真ん中に線を引いて進み、途中で白いハートに着いたら、そこからはクーピーペンを赤に持ち替えて進みます。黒いハートに着いたら、またそこから青いクーピーペンに持ち替えて進むお約束で、右下の矢印の出口まで進んでいきましょう。ただし、すべてのハートを必ず通るようにしてください。また、同じ道を2度通ってはいけません。

3 推理・思考（重さ比べ）

- シーソーの重さ比べの様子を見て、それぞれの中で一番重いものに〇、一番軽いものに△をつけましょう。印はどの段も右側の絵につけてください。

4 点図形

- 上のお手本を見て、同じになるように鉛筆でかきましょう。

5 数　量

- 数が多い方の四角のハートに〇をつけ、多い数だけ絵に1つずつ✕をつけましょう。

6 数　量

- 上の絵です。お祭りの夜店に、左の四角の中の数だけキンギョがいます。右の黒丸の数だけキンギョすくいでお客さんが持っていきました。そうすると、何匹のキンギョが残っていますか。右の四角に残った数だけ〇をかきましょう。
- 下の絵です。左のチューリップを右の花瓶に同じ数ずつ分けると、1つの花瓶には何本ずつ入れられますか。その数だけ長四角に〇をかきましょう。

7 推理・思考（重ね図形）

・左側の2枚の絵は透明な板に描かれています。この2枚をこのままの向きでピッタリと重ねた絵を右側から選んで○をつけましょう。

8 推理・思考（四方図）

・上の4つの四角の中には、それぞれの動物から見たテーブルの上の様子が描いてあります。では、それぞれの動物は下の絵のどこにいますか。4つの絵の左上にある動物の顔に、その印をつけましょう。

9 話の理解・常識

・上の段の星のところです。動物たちのお話を聞いて、正しいことを言っている動物にオレンジ色のクーピーペンで△をつけましょう。

ライオン君は「バスに乗ると楽しくなるから、大きな声で歌を歌おうよ」と言いました。ウサギさんは「バスは席が高いから、窓から手を出すと葉っぱを取れるわ」と言いました。サル君は「バスに乗ったらお年寄りには席を譲るんだよ」と言いました。クマさんは「バスのつり革につかまってブラブラすると楽しいよ」と言いました。

・太陽のところです。動物たちのお話を聞いて、正しいことを言っている動物に緑のクーピーペンで○をつけましょう。

ライオン君は「夏はクリがおいしい季節だよね」と言いました。ウサギさんは「春は七夕があるから楽しいわ」と言いました。サル君は「クリスマスは秋だよね」と言いました。クマさんは「スキーは冬になったらできるよね」と言いました。

・三日月のところです。動物たちのお話を聞いて、正しいことを言っている動物に青のクーピーペンで×をつけましょう。

ライオン君は「救急車は赤い車だよ」と言いました。ウサギさんは「パトカーにはおまわりさんが乗っているわ」と言いました。サル君は「違うよ。パトカーに乗っているのは郵便屋さんだよ」と言いました。クマさんは「ゴミを集めに来るのは消防車だよね」と言いました。

・下の段のリンゴのところです。動物たちのお話を聞いて、おかしなことを言っている動物にピンクのクーピーペンで○をつけましょう。

ライオン君は「チョウチョがひらひら飛んでいるよ」と言いました。ウサギさんは「コマがくるくる回っているよ」と言いました。サル君は「煙突から煙がコツコツ出ているよ」と言いました。クマさんは「オートバイがビュンビュン走っているよ」と言いました。

・バナナのところです。動物たちのお話を聞いて、おかしなことを言っている動物に緑のクーピーペンで△をつけましょう。

ライオン君は「イルカは赤ちゃんで生まれるんだよね」と言いました。ウサギさんは「ニワトリは鳥だけど、空高く飛ぶことはできないのよね」と言いました。サル君は「クマさんは冬眠するんだよね」と言いました。クマさんは「トンボは木の枝に卵を産むんだよね」と言いました。

・イチゴのところです。動物たちのお話を聞いて、おかしなことを言っている動物に青のクーピーペンで○をつけましょう。

ライオン君は「おひなさまに食べるのは柏餅だよ」と言いました。ウサギさんは「こいのぼりは子どもの日に飾るのよね」と言いました。サル君は「お正月に門松を飾ったよ」と言いました。クマさんは「豆まきは節分にするんだよ」と言いました。

10 話の理解・位置

・1段目です。右から4つ目の丸の中に横線をかき、左から5つ目の丸に縦線をかきましょう。

・2段目です。右から3つ目の丸を赤いクーピーペンで塗り、その左隣の丸の中にもう1つ赤で○をかきましょう。今度は左から3つ目の丸を青いクーピーペンで塗り、その右隣の丸の中に青で縦線を1本かきましょう。

・3段目です。左端の四角の中に○をかいたら、右端の四角まで1つ置きに○をかいていきましょう。

11 位　置

・カキから上に2つ、右に3つ進んだところに○をかきましょう。

・モミジから上に3つ、右に3つ進んだところに△をかきましょう。

・クリから上に4つ、左に3つ進んだところに□をかきましょう。

・イチョウから下に2つ、左に4つ進んだところに◎をかきましょう。

・カキから右下に1つ、右に4つ進んだところに×をかきましょう。

12 数　量

・大きな四角の中に、いろいろな形があります。周りにかいてあるそれぞれの形がいくつあるか数えて、その形の横や下にある長四角にその数だけ○をかきましょう。

1

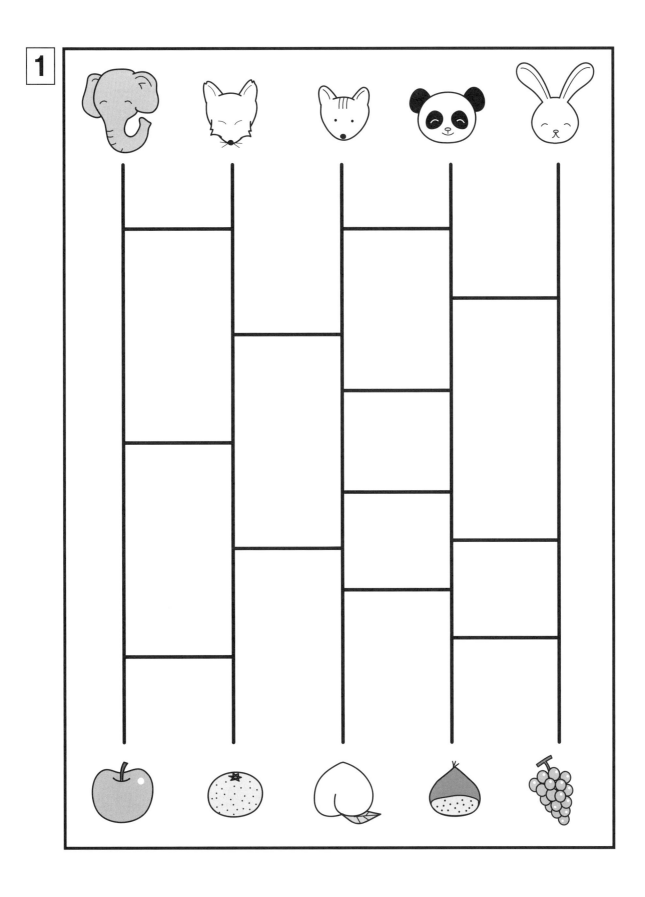

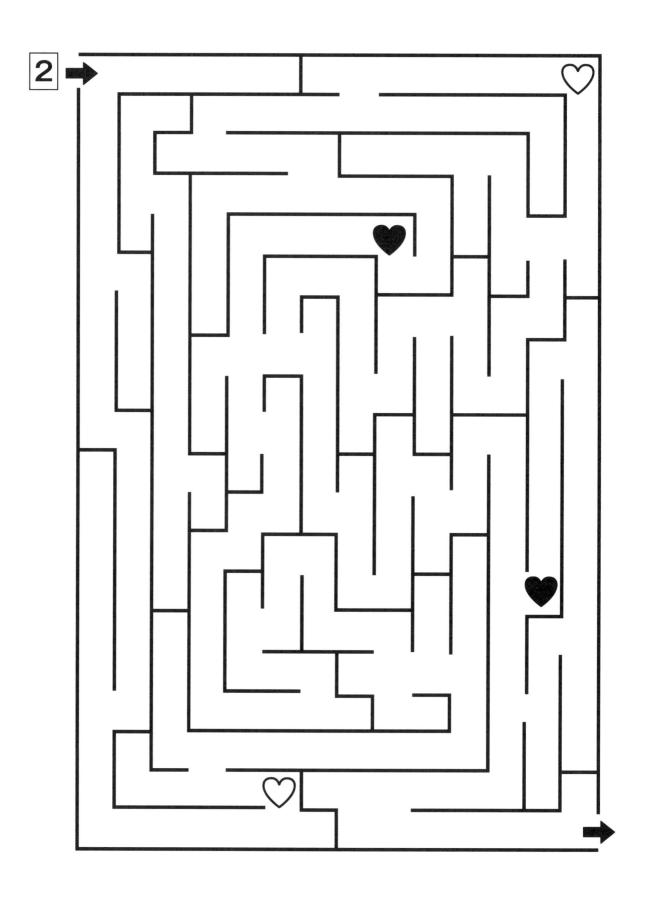

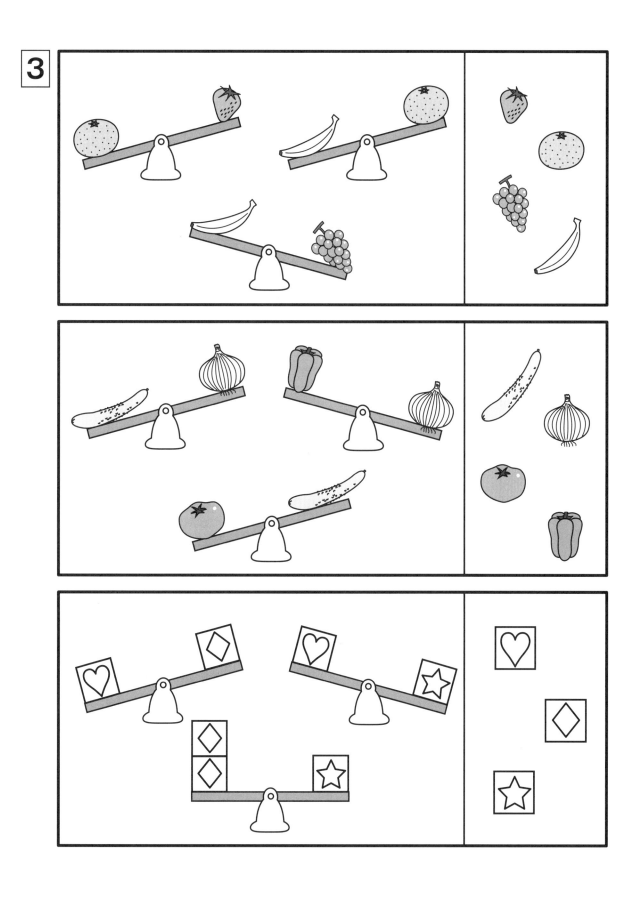

4

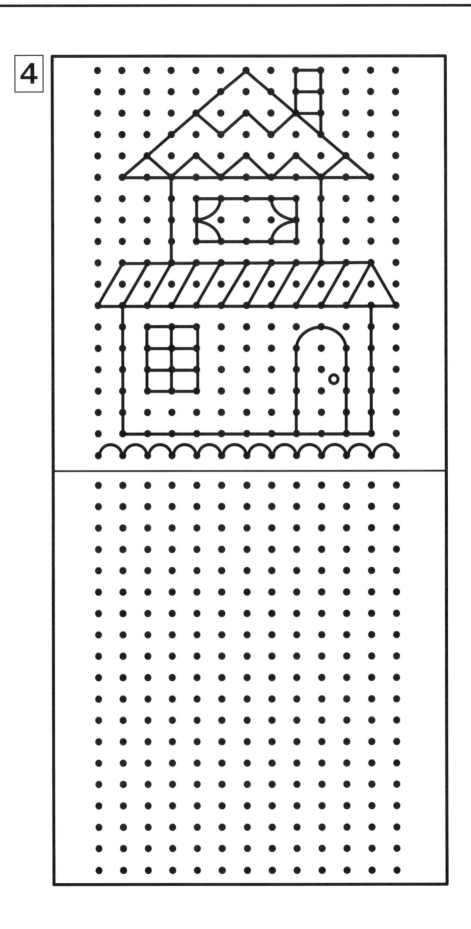

5

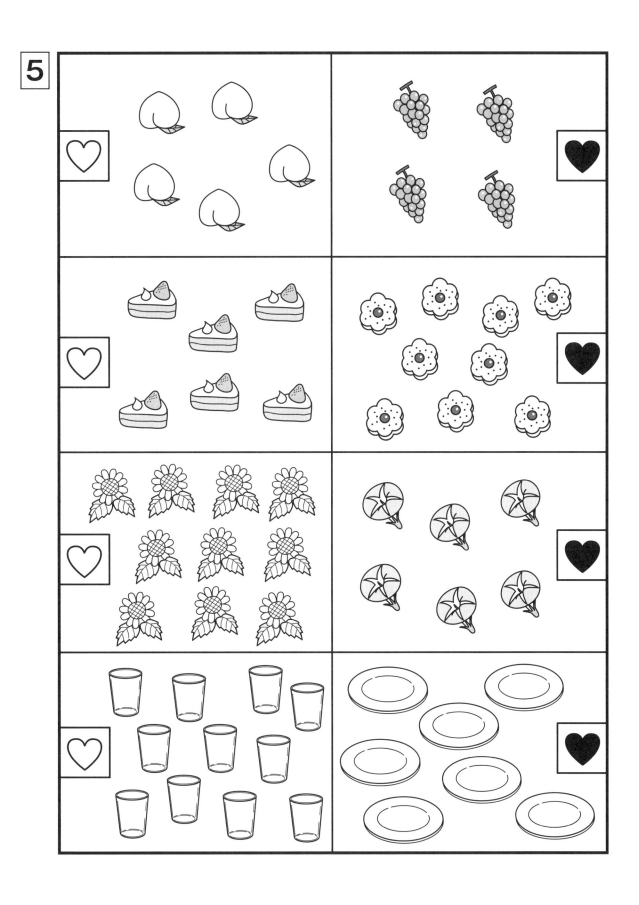

6

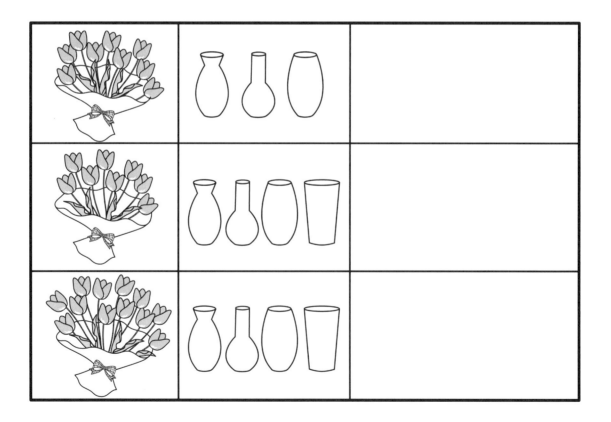

7

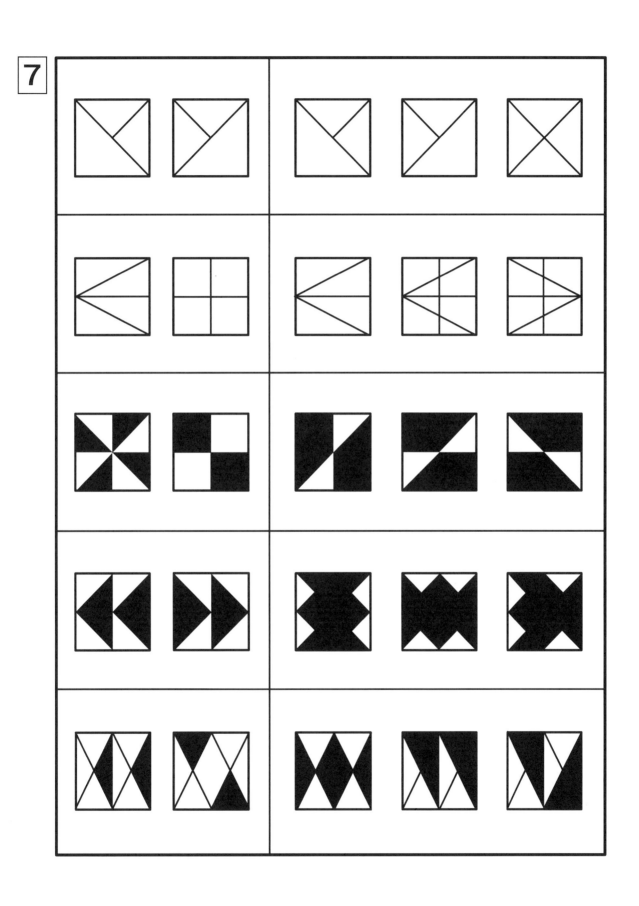

10

○○○○○○○○○○

○○○○○○○○○○○

☐☐☐☐☐☐☐☐☐☐☐

11

12

MEMO

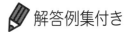

［過去問］ 2024

東京女学館小学校
入試問題集
解答例

✳ **解答例の注意**

この解答例集では、ペーパーテスト、個別テスト、集団テストの中にある□数字がついた問題、入試シミュレーションの解答例を掲載しています。それ以外の問題の解答はすべて省略していますので、それぞれのご家庭でお考えください。（一部□数字がついた問題の解答例の省略もあります）

入試シミュレーションの
解答例もあります！

© 2006 studio*zucca

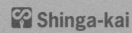

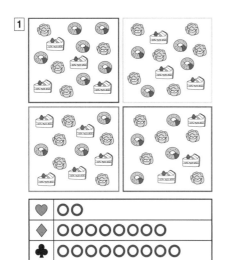

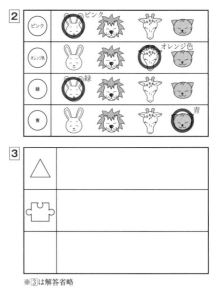

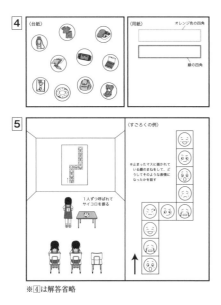

※③は解答省略

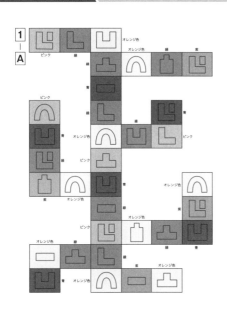

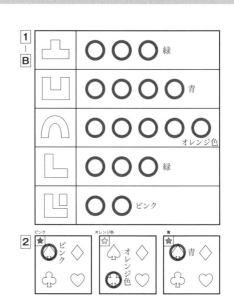

※④は解答省略

3

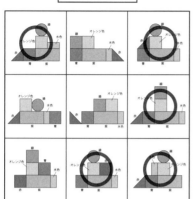

4

※4の5問目は解答省略

5

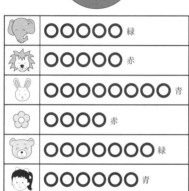

6 【お手本】

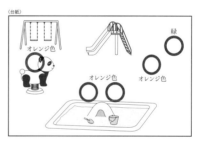

〈台紙〉

7

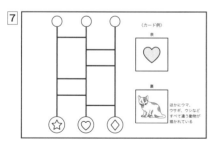

8 9

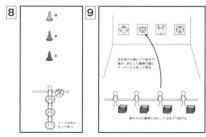

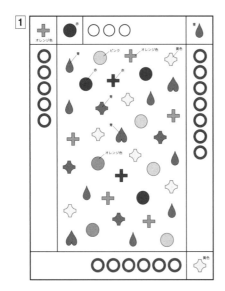

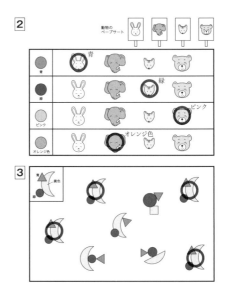

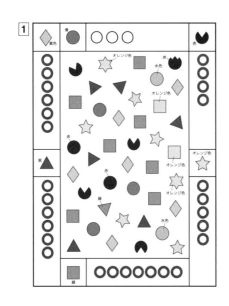

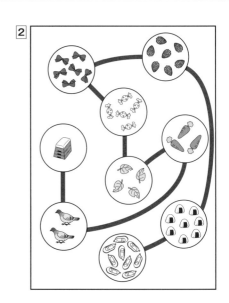

3 【スーパーロケットのお手本】

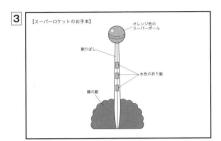

4

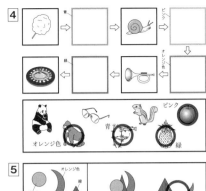

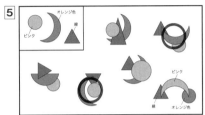

5

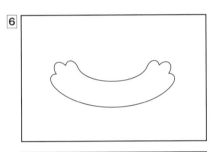

6

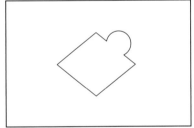

7 〈用意されているもの〉

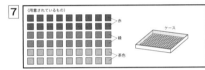

【お手本1】

【お手本2】

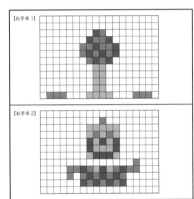

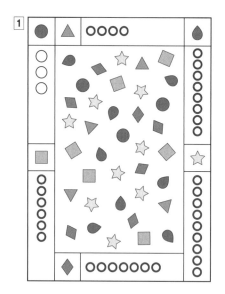

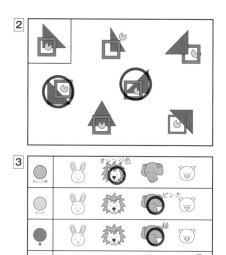

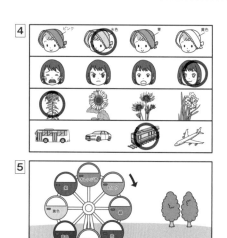

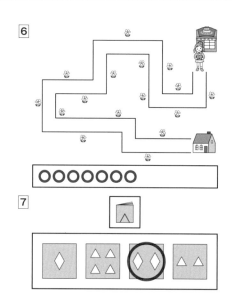

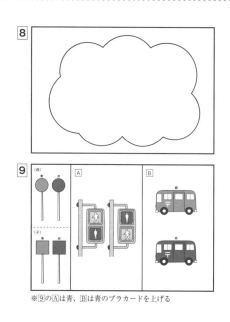

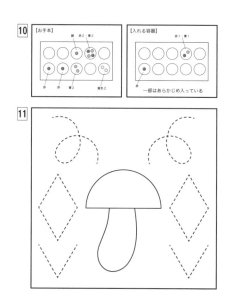

※⑨のAは青、Bは青のプラカードを上げる

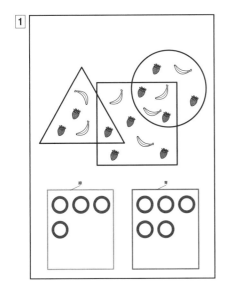

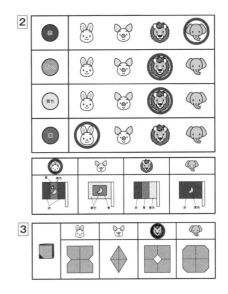

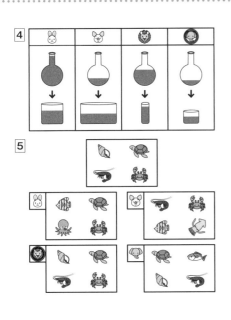

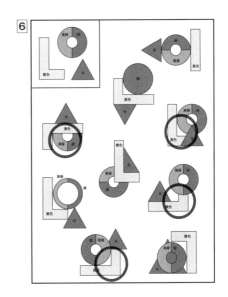

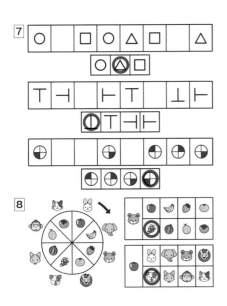

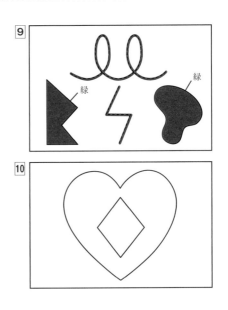

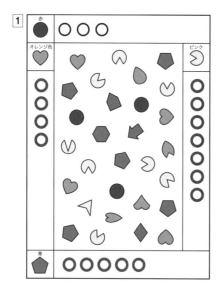

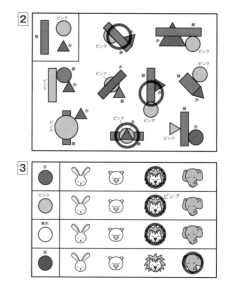

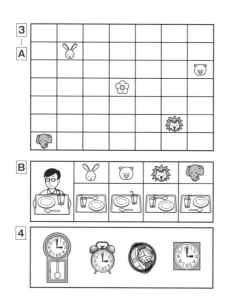

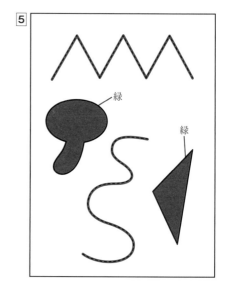

1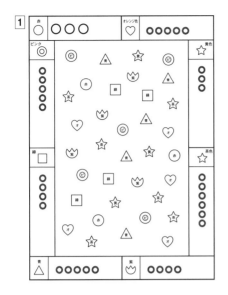

2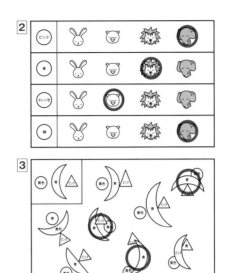

3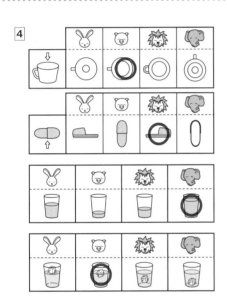

4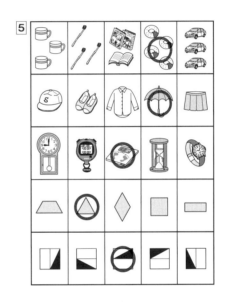

5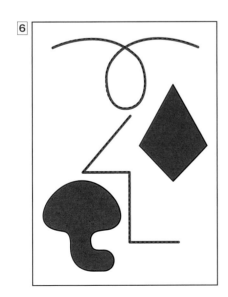

6

1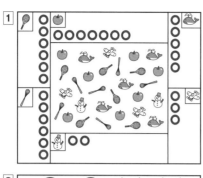

2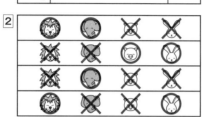

3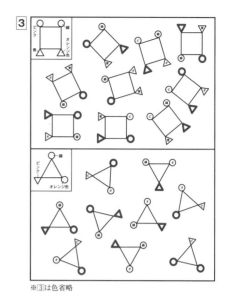

※3は色省略

4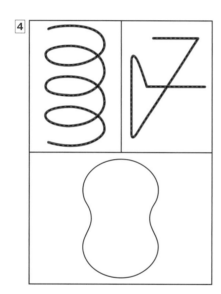

1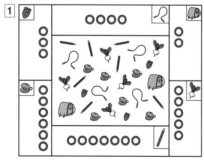

2

3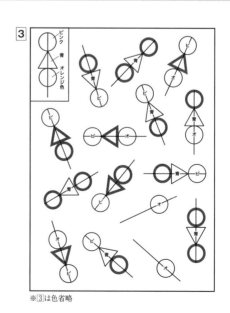

※3は色省略

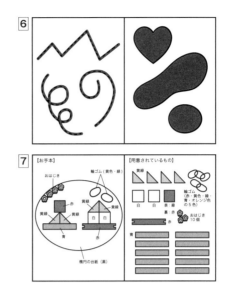

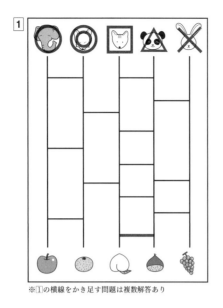

※1の横線をかき足す問題は複数解答あり

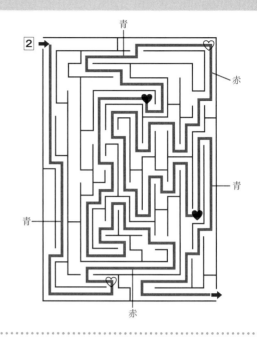

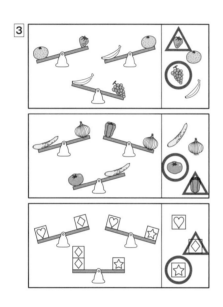

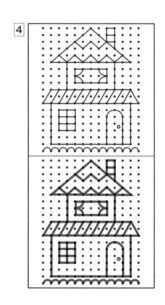

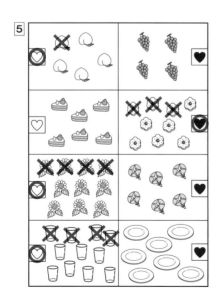

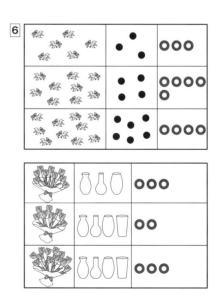

7

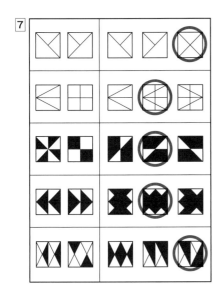

8

9

10

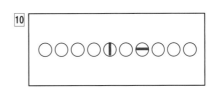

11

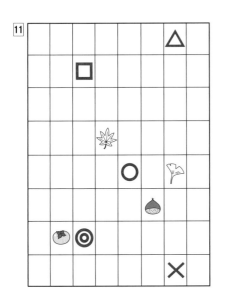

12

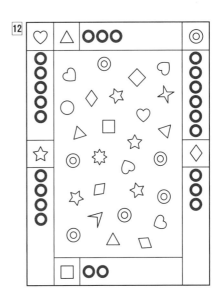

memo

memo

memo

Shinga-kai